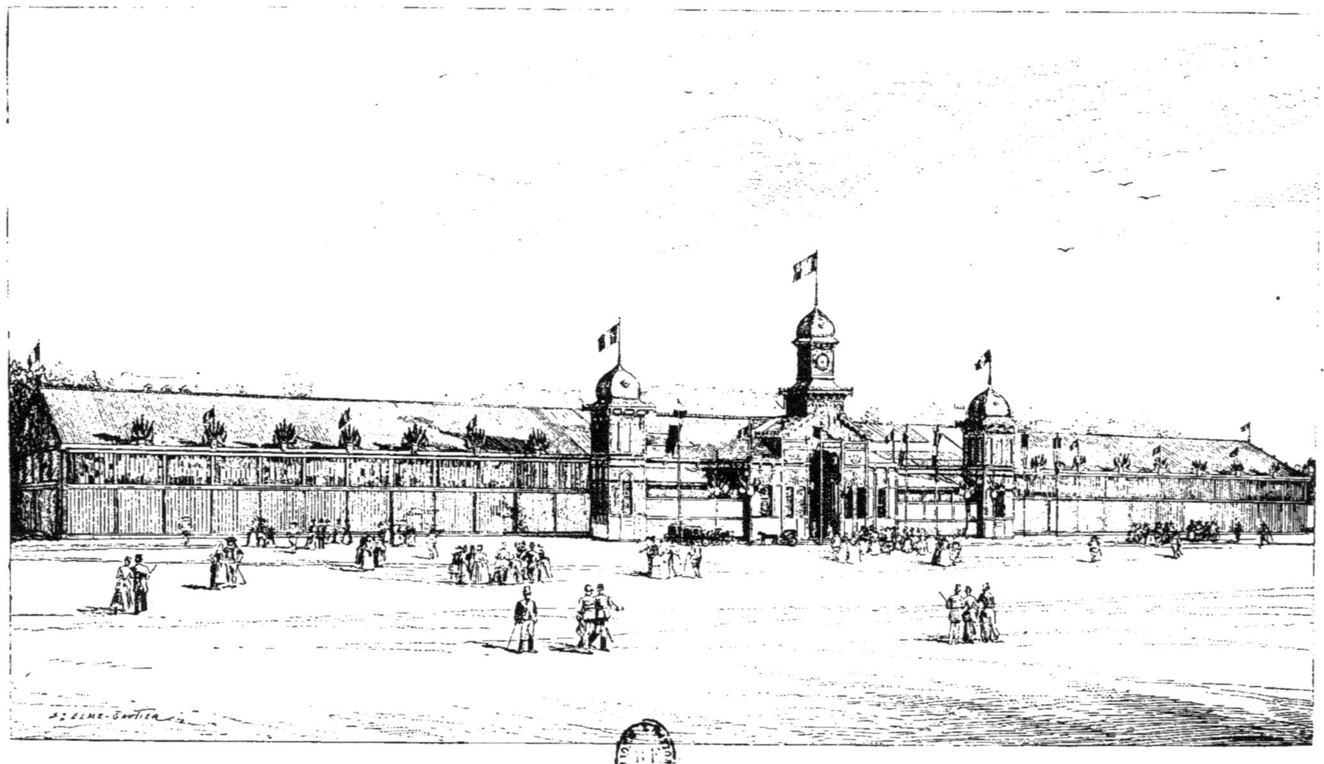

RENNES, EXPOSITION DE 1887

RAPPORT

AUX SOUSCRIPTEURS DU CAPITAL DE GARANTIE

DE

L'Exposition Nationale & Régionale

DE L'INDUSTRIE, DU COMMERCE & DES BEAUX-ARTS

DE RENNES EN 1887

Présenté par M. BÉRARD-PÉAN

PRÉSIDENT DE L'EXPOSITION

NOTICE SUR L'EXPOSITION DES BEAUX-ARTS

Par M. Lucien DECOMBE, Vice-Président de la Section des Beaux-Arts.

RÉSUMÉ DE LA COMPTABILITÉ

Par M. Pierre LÉPINAY, Trésorier.

RENNES

ALPHONSE LE ROY, IMPRIMEUR BREVETÉ

6, Rue des Cormes, 6

1888

COMMISSION GÉNÉRALE

Aubin (fils), fonderie, rue des Trente.

Bally (Gaston), rédacteur en chef du *Petit Rennais*.

Baume, directeur du journal *l'Éclaireur*, rue Beaumanoir, 6.

Bérard-Péan, membre de la Chambre de commerce.

Berthelot, fabricant de chaussures, quai de Nemours, 9.

Bertin-Bouvet, négociant en grains, rue de la Chalotais, 10.

Binard, président du Tribunal de commerce.

Binda, opticien, rue Nationale, 5.

Bonnel, fabricant d'instruments de musique, rue Nationale, 3.

Boullet, ✳, commandant la Compagnie des Sapeurs-Pompiers.

Brunel-Tiret, fabricant d'engrais, quai de la Prévalaye.

Caillot, imprimeur, rue Saint-Thomas, 6.

Cathelineau (fils), entrepreneur, route de Redon.

Catel, imprimeur, rue Leperdit, 4.

Coignerai, fabricant de meubles, avenue de la Gare, 45.

Collin, confection militaire, canal d'Ille-et-Rance.

Collin, fabricant de vitraux, rue de Châteaudun, 19.

Cormier, marchand de bois, quai Richemont.

Courtault, constructeur-mécanicien, rue d'Isly, 14.

Dalibard A ✳, avoué, secrétaire général du Comité d'organisation
du Concours régional, rue de Toulouse, 10.

Dandé, fabricant de meubles, rue Vasselot, 30.

Decombe, vice-président de la Commission des Beaux-Arts.

Dubel, fabricant de pianos, place du Palais, 10.

Élot, ingénieur, directeur des mines de Pont-Péan.

Espinasse, bazar de la Poissonnerie, rue de Nemours, 14.

Friesé, tapissier, rue Victor-Hugo, 4.

GICQUEL, ancien président du Tribunal de commerce.

GODARD, négociant, quai Châteaubriand, 19.

GAUTIER, plâtrier, rue du Mail, 17.

GAUVIN, fabricant de faïences, rue Basse, 45.

GRENIER, constructeur-mécanicien, pont du Mail.

GRIMAULT, membre de la Chambre de commerce.

GUITTON, entrepreneur de serrurerie, rue Saint-Louis, 38.

GUY, fondeur, rue des Trente.

HARDY (père), membre de la Chambre de commerce.

HÉBERT, entrepreneur de charpentes, faubourg de Redon, 28.

KUENTZ (fils), ingénieur civil.

LEMOINE-GUESDON, négociant, rue du Pré-Botté, 14.

LENOIR, A., directeur de l'École des Beaux-Arts, rue Albert, 15.

LÉPINAY, gérant de la Tannerie Le Bastard.

LE ROY, imprimeur, rue des Carmes, 6.

LION, fabricant de bâches, avenue de la Gare, 17.

LOUS, quincaillier, quai d'Orléans, 19.

LUNEAU, pharmacien, place des Lices, 3.

MACÉ, architecte, rue des Carmes, 4.

MACÉ, constructeur-mécanicien, boulevard de la Duchesse-Anne, 5.

MANIEZ, ouvrier en métaux, avenue du Gué-de-Baud, 60.

MARÇAIS (Jules), vins en gros, quai Saint-Yves, 16.

MARTIN-CHAPSAL, manufacturier, quai de la Prévalaye, 3.

MÉNARD, négociant en grains, rue Thiers, 2.

MÉTRAILLE, vins en gros, rue Nantaise, 6.

MORIN, fabricant de voitures, boulevard de la Liberté, 18.

OGER, ancien entrepreneur, Mail-Donges, 43.

PICARD, marchand de fers, rue Saint-Malo, 3.

PINAULT, tanneur, rue Basse, 59.

POUPART, ingénieur civil, rue de Nantes, 87.

RENAULT, fabricant de voitures, rue des Carmes, 5.

RICHIER, entrepreneur, faubourg de Redon, 28.

SIMON, fabricant de marteaux, avenue de la Gare, 10.

THOMAS, ingénieur des ateliers de l'Ouest, à la Gare.

VALLÉE, gérant de la maison Saint frères, rue Poullain-Duparc, 7.

BUREAU DE LA COMMISSION

Président :

M. Bérard-Péan, membre de la Chambre de commerce.

Vice-Présidents :

MM. Éloi, ingénieur, directeur des Mines argentifères de Pont-
Péan ;
Kuentz, fils, ingénieur civil.
Louis Baume, avocat, directeur du journal *l'Éclaireur ;*
Lemoine-Guesdon, négociant.

Trésorier :

M. Lépinay, gérant de la Tannerie Le Bastard.

Trésorier-adjoint :

M. Aubin, fils, représentant de la Fonderie Guy.

Secrétaires :

MM. Friesé, négociant ;
Cathelineau, fils, industriel ;
Maniez, ouvrier en métaux ;
Louis Godard, négociant ;
Bertin-Bouvet, négociant.

COMMISSION SPÉCIALE DES BEAUX-ARTS

LAVERGNE A O, adjoint au Maire, *Président*.
DECOMBE A ✺, directeur du Musée d'Archéologie, *Vice-Président*.
BEAUFILS, président de la Chambre de commerce.
CONTENCIN, artiste peintre, *Secrétaire*.
BÉRARD-PÉAN, membre de la Chambre de commerce.
BINARD, président du Tribunal de commerce.
BIROTHEAU, artiste peintre.
BOULLET, ✳, commandant la Compagnie des Sapeurs-Pompiers.
COQUELIN, professeur à l'École régionale des Beaux-Arts.
CRÉCHET, professeur à l'École régionale des Beaux-Arts.
DALIBARD, A ✺, avoué.
DE MONTHUCHON, membre de la Commission du Musée.
FÉNIGAN (Jules), propriétaire.
GICQUEL, ancien président du Tribunal de commerce.
GUILLAUME (Wilfrid), architecte.
HERBERT, conseiller municipal.
JAN, A ✺, directeur du Musée de peinture.
LALOY, architecte du département.
LANGLOIS, architecte.
LENOIR, A ✺, statuaire, directeur de l'École régionale des Beaux-
    Arts.
LOYSEL, ✳, directeur des Contributions indirectes.
MANIEZ, conseiller municipal.
MARTENOT, ✳, architecte de la Ville.
PASTUREAU, ✳, capitaine au 41ᵉ régiment d'infanterie.
POULIN, O ✳, I ✺, trésorier-payeur général.
POUPARD, conseiller municipal.
ROY, A ✺, artiste peintre.
VADOT, secrétaire général de la Mairie.

RAPPORT

AUX SOUSCRIPTEURS DU CAPITAL DE GARANTIE

DE

L'EXPOSITION NATIONALE ET RÉGIONALE

DE RENNES 1887

MESSIEURS,

J'ai l'honneur de vous adresser mon rapport sur l'Exposition de Rennes 1887, qui fut organisée grâce à vos souscriptions.

Notre municipalité, renseignée sur les résultats financiers des dernières Expositions de l'Ouest, n'avait pas voulu courir les risques d'une semblable entreprise, et les projets paraissaient abandonnés lorsque les membres de la presse rennaise, sans distinction d'opinions, prirent l'initiative d'une réunion fixée au **23** décembre 1886.

Un grand nombre de personnes s'y rendirent et nommèrent une Commission provisoire, chargée de préparer la liste des membres d'une Commission définitive, et de provoquer ensuite une réunion générale qui eut lieu le 5 janvier 1887.

Les nombreux industriels et commerçants qui assistaient à cette deuxième réunion nommèrent à leur tour une Commission générale de soixante membres, chargée, sous sa seule responsabilité, d'étudier, d'organiser en *quatre mois*, et de mener à bonne fin l'œuvre d'une Exposition industrielle à l'occasion du Concours régional qui devait s'ouvrir dans les premiers jours de mai 1887.

Le 8 janvier, j'avais l'honneur d'être élu Président de cette Commission qui, le même jour, constituait son bureau, composé de douze membres.

Les documents officiels, qui nous furent communiqués par M. Le Bastard, maire de Rennes, n'étaient pas de nature à nous encourager, et cependant nous dûmes remarquer que, si les Expositions organisées sous le patronage des administrations avaient toutes laissé un déficit, celle de Rouen 1884, due à l'initiative privée, avait, au contraire, donné un bénéfice de 13,106 fr. 20.

Voici d'ailleurs un résumé de nos renseignements :

Le Mans 1880.

L'Exposition du Mans 1880, la moins malheureuse de toutes, avait laissé un déficit que j'évalue à 26,000 fr., mais qu'il était difficile de préciser, en ce sens que les frais généraux de cette Exposition, du Concours régional et des fêtes, se trouvaient confondus dans un même chapitre.

Comme résultat, la ville du Mans avait perdu, pour tous ses concours et fêtes en 1880, une somme totale de.   138,770 f 52
non compris une subvention départementale de. .   50,000 f   »

Ensemble. . .   188,770 f 52

Tours 1881.

L'Exposition de Tours 1881 s'était réglée par une perte de . . . .   214,340 f 25
non compris la subvention du département . . .   8,000 f   x

Ensemble. . .   222,340 f 25
Sauf déduction d'une plus-value sur l'octroi de 93,547 fr. 31.

Caen 1883.

La ville de Caen avait dépensé en 1883, pour son Exposition industrielle, qui comptait 534 exposants. . . . .   147,064 f 96
et pour les Beaux-Arts . . . .   48,872 f 53

Ensemble. . .   195,937 f 49
Il convenait de déduire la part de l'Exposition dans les droits d'entrée aux différents concours, et produits divers, qui représentaient 26 fr. 70 0/0
A reporter. . . . .   195,937 f 49

Report . . . . .   195,937 ˙ 49

de la totalité des dépenses, soit. .   52,315 ˙ 30

plus les droits de place à l'Expo-
sition industrielle. . . . .   20,039 ˙ 10   73,354 ˙ 40

et la subvention de l'État pour
l'Exposition des Beaux-Arts . . .   1,000 ˙ »

Reste une somme de. . . . .   122,583 ˙ 09

représentant le chiffre des pertes occasionnées par l'Exposition, non compris sa part des frais généraux portés pour 36,391 fr.

En résumé, la ville de Caen avait perdu sur tous ses concours et fêtes de 1883 une somme totale de. . . . . .   312,715 ˙ 53

Sauf déduction de la subvention de l'État pour
l'Exposition des Beaux-Arts. . . .   1,000 ˙ »

et de la subvention départemen-
tale. . . . .   20,000 ˙ »   21,000 ˙ »

Soit un déficit de. . . . .   291,715 ˙ 53

moins toutefois une plus-value sur l'octroi de 61,700 fr.

Nantes 1886.

Les Expositions, divisées en deux séries distinctes, organisées dans cette ville en 1886, étaient encore en cours d'exploitation à l'époque de nos renseignements, qui remontaient au 30 octobre 1886.

Ces renseignements accusaient déjà un déficit important, mais ne pouvaient nous servir de base.

Rouen 1884.

Une seule exception devait être faite, en faveur de l'Exposition de Rouen 1884, due à l'initiative privée, qui avait obtenu comme subventions à forfait :

de la ville de Rouen . . . .   100,000 ˙ »

du département . . . .   20,000 »

de la Chambre de commerce . . . .   5,000 »

de la Société industrielle . . . .   10,000 »

et de la Société d'Émulation du commerce. . .   3,000 »

Ensemble. . .   138,000 ˙ »

plus un capital de garantie s'élevant à . . . .   310,000 »

Cette Exposition, qui réunissait douze cents exposants industriels, ouverte le 1er juin 1884, avait donné de tels résultats, qu'après le remboursement de ses subventions il restait encore disponible une somme de 13.106f 20.

Les souscripteurs au capital de garantie ayant agi sans aucun intérêt personnel, le bénéfice (13,106f 20) fut partagé entre la Société industrielle et la Société d'Émulation du commerce.

Ces résultats étaient fort brillants, mais nous devions remarquer :

Que l'Exposition de Rouen avait été créée au milieu du centre industriel le plus riche de France ;

Que la Commission définitive de cette Exposition avait eu *dix-neuf mois* pour s'organiser (du 29 octobre 1882 au 1er juin 1884) ;

Qu'elle avait comme précédent l'Exposition de Rouen 1859 ;

Et qu'enfin la Bretagne, beaucoup moins riche, se trouvait au commencement de 1887 sous le coup d'une crise qui subsiste encore.

Il nous parut cependant convenable de rechercher les bases d'une organisation se rapprochant de celle de Rouen, mais donnant à nos souscripteurs *un privilège d'entrée, inusité jusqu'alors,* afin de compenser autant que possible les pertes qui nous paraissaient certaines.

Souscriptions.

Sans s'arrêter plus longtemps aux difficultés d'une pareille entreprise, désireux de donner du travail aux ouvriers de Rennes et de stimuler l'Industrie de nos contrées, connaissant à l'avance le chiffre approximatif de la subvention qui serait allouée par la ville, mes collègues décidaient, sur mon rapport du 13 janvier, que l'Exposition serait constituée avec un capital de garantie de *Cent mille francs,* divisé en mille parts de cent francs l'une, donnant droit pour chaque souscripteur, quel que soit le chiffre de sa souscription, à une entrée personnelle et permanente équivalant à une carte d'abonnement de 20 fr.

Le capital demandé fut couvert du vendredi 14 au lundi 17 janvier, et peu de jours après *Onze cent soixante et un souscripteurs* mettaient à notre disposition une somme totale de *Deux cent dix mille cinq cents francs.* c'est-à-dire prenaient l'engagement de payer, jusqu'à concurrence du montant de leur souscription, toutes les sommes qui seraient réclamées sur reçus signés du Président et du Trésorier.

Fusion entre l'Exposition industrielle et l'Exposition des Beaux-Arts.

Nos projets de fusion entre l'Exposition Industrielle et celle des Beaux-Arts devenaient un fait accompli le 28 janvier.

L'Exposition des Beaux-Arts, déjà organisée sous le patronage de la municipalité, devait se tenir du 5 mai au 30 juin, dans les bâtiments du nouveau Lycée, et ses ressources prévues comportaient une subvention de. . . . . 10,000ᶠ »

moins les recettes évaluées à . . . . 6,000 »

Soit en réalité. . . 4,000ᶠ »

plus le produit d'une loterie de 5,000 billets à émettre, soit . . . . 5,000 »

Ensemble. . . 9,000ᶠ »

Par suite de cette fusion, la ville se trouvait dégagée de toute responsabilité, moyennant l'abandon des 6,000 fr. de recettes prévues à son budget, et la Commission spéciale des Beaux-Arts, qui nous suivait au Champ de Mars, conservant son indépendance au point de vue artistique, renonçait au bénéfice de sa loterie, moyennant le paiement entre ses mains d'une somme de 10,000 fr. qui devait être employée à l'acquisition d'œuvres d'art destinées à notre tombola.

Comme conséquence de ce traité, notre Commission générale prenait à sa charge les dépenses de toute nature occasionnées par les Beaux-Arts, c'est-à-dire la construction et l'aménagement de salles spéciales, l'emballage et le transport, aller et retour, des œuvres exposées, les frais de Jury et de Diplômes, etc.

Subventions.

Le 15 février, M. le Maire m'adressait la lettre suivante :

« J'ai l'honneur de vous informer que, dans sa séance du 11 février cou-
« rant, le Conseil municipal a voté, en faveur de l'Exposition industrielle,
« une subvention à forfait de 10,000 fr., et a autorisé en même temps l'Ex-
« position des Beaux-Arts à se réunir à la vôtre.

« De plus, les recettes, évaluées à 6,000 fr. pour l'Exposition des Beaux-
« Arts, ne seront pas retranchées de la subvention de 10,000 fr. allouée à
« la Commission formée pour l'organisation de cette Exposition. »

Par suite de cette décision, la subvention de la Ville s'élevait
pour l'Exposition industrielle à. . . . . 10,000ᶠ »
et pour celle des Beaux-Arts à. . . . . 10,000 »
Sur ma demande de subvention départementale,
le Conseil général allouait à l'Exposition une somme
de . . . . 3,000 »

Ensemble de nos subventions. . . 23,000ᶠ »

Appel de 20 % sur le capital souscrit.

L'appel de 20 %, décidé le 31 janvier, était confié le 28 mars
aux soins de MM. Gicquel et Jouin, banquiers, qui avaient bien
voulu se charger gratuitement du recouvrement de nos quittances.
Les souscriptions s'élevaient à. . . . . 210,500ᶠ »
Mais il nous fallut déduire, pour seize souscripteurs insolvables ou disparus, une somme de . . . 2,600 »
Ce qui réduisait notre capital au chiffre de . . . 207,900ᶠ »

Se décomposant ainsi :

774	souscriptions :	à	100ᶠ »	77,400ᶠ »
207	—	à	200	41,400 »
34	—	à	300	10,200 »
20	—	à	400	8,000 »
76	—	à	500	38,000 »
2	—	à	600	1,200 »
1	—	à	700	700 »
31	—	à	1,000	31,000 »

Ensemble. . 1,145 souscripteurs pour . . . 207,900ᶠ »
Soit, à raison de 20 %, une somme de . . . . . 41,580ᶠ »
égale à nos encaissements.

Période d'organisation.

Après avoir décidé le **22** janvier que l'Exposition ouvrirait le 6 mai, sur le Champ de Mars, et qu'elle aurait une durée minimum de trois mois, notre Commission avait procédé à l'organisation de ses différents services, et s'était mise en mesure de poursuivre simultanément l'exécution de toutes les parties de son programme, sans compromettre les intérêts qui lui étaient confiés.

Suivant décision du **31** janvier, notre Exposition devenait *Nationale*, avec cette réserve que les produits fabriqués hors région ne recevraient que des Diplômes de récompenses.

L'emplacement du Champ de Mars nous ayant été concédé pour une superficie d'environ deux hectares, notre Sous-Commission du bâtiment, qui s'était occupée de nos projets de construction, m'avait mis à même, conformément aux décisions de l'assemblée du 11 février, de traiter avec M. Hébert pour l'exécution de nos premiers travaux, d'après les plans et devis de M. Wilfrid Guillaume, moyennant le prix en location et à forfait de 47,000 fr.

Le talent de M. Guillaume et l'énergie de M. Hébert nous étaient un sûr garant de la bonne exécution de nos constructions, qui s'élevèrent avec une merveilleuse rapidité.

Notre traité passé avec M. Coignerai pour les tentures et l'ameublement, pris en location moyennant 6,500 fr., nous donnait les mêmes satisfactions.

Les conduites d'eau et de gaz étaient aussi traitées à forfait, et nos jardins exécutés par M. Gérard, sous la direction de notre architecte.

Le 18 mars, notre Commission acceptait les propositions faites par M. Baron, d'édifier à ses frais, sur la Butte du Champ de Mars, le cabaret des Porcherons, la taverne de Gargantua, le moulin Sans-Souci, le théâtre de Tabarin etc., avec le personnel en costume de l'époque, et lui concédait, en échange de ces attractions, le monopole du café et du restaurant de l'Exposition.

En résumé, nos dépenses de constructions s'élevèrent au chiffre de 67,287 fr. 15; nos jardins coûtèrent 11,867 fr. 35, y compris les conduites d'eau et de gaz, ainsi que la cascade, et tous nos traités furent loyalement exécutés.

De nombreux industriels avaient répondu à notre appel ; nous pouvions compter sur la présence d'au moins quatre cent cinquante exposants absolument indépendants du Concours régional, et nous avions dû, faute d'emplacement, refuser quelques demandes de grandes surfaces.

L'Exposition des Beaux-Arts, si bien comprise, avec environ cinq cents exposants de toutes les parties de la France, promettait d'être l'un des attraits de notre œuvre, et faisait le plus grand honneur à M. Decombe, son instigateur et son organisateur.

Nous nous étions préoccupés, dès le mois de mars, de l'éclat qu'il conviendrait de donner à notre cérémonie d'inauguration.

Il avait été décidé que la présidence serait offerte à M. le ministre du commerce, et que de nombreuses invitations seraient adressées, notamment à MM. les sénateurs et députés d'Ille-et-Vilaine, ainsi qu'aux autorités du département.

M. Lockroy, alors ministre du commerce, avait bien voulu, dès le 6 avril, au cours de l'entrevue que j'eus avec lui, accepter cette présidence ; mes collègues l'en avaient remercié par une lettre collective, et tout paraissait marcher au gré de nos désirs lorsque je reçus de M. le ministre le télégramme suivant, daté de Paris, 27 avril, 7 h. 5 du soir :

« Ministre commerce et industrie à M. Bérard-Péan, président de l'Expo-
« *sition nationale et régionale de Rennes (Ille-et-Vilaine).*

« Ainsi que je l'ai fait connaître au Préfet, je ne puis quitter Paris en
« ce moment, et je me trouve dans l'impossibilité de me rendre à Rennes
« le 6 mai pour y présider la séance d'ouverture de l'Exposition nationale
« et régionale.

« Je vous prie d'exprimer à tous mes regrets en même temps que ma
« sympathie pour œuvre qui prépare grande Exposition de 1889. »

Et quelques jours plus tard, M. le Préfet, par sa lettre du 5 mai, m'exprimait ses regrets de ne pouvoir assister à l'ouverture de l'Exposition.

Cette lettre fut suivie de beaucoup d'autres. Je crois cependant que, par le dévouement et l'honnêteté que nous avions apportés dans l'accomplissement de notre œuvre, nous méritions mieux que des lettres d'excuses.

Période comprenant la durée de l'Exposition.

Le 6 mai, à deux heures, l'Exposition s'ouvrait en présence de M. Le Bastard, sénateur, maire de Rennes; de M. le général Hanrion, commandant en chef le 10ᵉ corps d'armée; de M. de Kerbertin, premier président de la Cour d'appel; de M. le Procureur général, et de nombreux magistrats; de MM. les généraux Paris et Zurlinden, de MM. les présidents du Tribunal et de la Chambre de commerce, des membres de la municipalité et d'un grand nombre d'invités.

L'absence de M. le Préfet et des représentants du département fut vivement commentée.

Sans rechercher les causes de ces abstentions, je pense que le devoir des autorités et des élus du département était de manifester, par leur présence à l'inauguration de l'Exposition, leur sympathie pour cette œuvre d'intérêt général, due à l'initiative privée, et de donner ainsi un témoignage de l'intérêt qu'ils doivent porter au commerce et à l'industrie du pays qu'ils administrent ou représentent.

Le dimanche 15 mai, M. Develle, alors ministre de l'agriculture, venu à Rennes pour la distribution des récompenses du Concours régional, nous faisait l'honneur de visiter l'Exposition.

Jury et Récompenses.

Nous dûmes tout d'abord nous préoccuper, en suivant les usages établis, du choix et de la composition de nos jurys.

Nos récompenses consistaient, comme d'habitude, en diplômes d'honneur, médailles diverses et mentions; mais nous avions trouvé juste d'établir, par nos *diplômes de mérite commercial*, une distinction entre le producteur et le commerçant.

2

Ce système, appliqué en France pour la première fois, fut d'ailleurs bien accueilli.

L'Exposition industrielle réunissait 452 exposants ; elle aurait pu former un catalogue plus important si un assez grand nombre d'industriels n'avaient fait admettre sous un même numéro des produits qui figuraient dans plusieurs classes différentes.

Nos jurys, composés de 127 membres, ont fonctionné pour la plupart dans le courant de juillet, et aucune modification ne fut apportée à leurs décisions. Ils décernèrent :

30 diplômes d'honneur ;
23 médailles d'or ;
29   —   de vermeil, grand module ;
26   —   — petit —
34   —   d'argent grand module.
42   —   — petit —
61   —   de bronze ;
73 mentions honorables ;
19   —   de collaborateurs ;
11 diplômes de mérite commercial de 1re classe ;
13   —   2e —
6   —   3e —

non compris les rappels de récompenses obtenues aux précédentes expositions.

Ces récompenses furent distribuées solennellement, en même temps que celles des Beaux-Arts, dans le grand salon de l'Exposition, le dimanche 28 août, sous la présidence de M. Le Bastard, sénateur, maire de Rennes ; en présence de MM. René Brice, Carron et Le Hérissé, députés d'Ille-et-Vilaine ; de M. le général Hanrion, commandant le 10e corps d'armée ; de M. le général de Contamine, de plusieurs magistrats, de MM. les présidents du Tribunal et de la Chambre de commerce, des membres de la municipalité et de tous nos amis de la première heure.

Je dois ajouter qu'après avoir renouvelé nos invitations auprès de M. le Préfet et des représentants d'Ille-et-Vilaine, elles subirent le même sort que celles adressées pour l'inauguration, sauf toutefois, ainsi que je l'ai dit plus haut, en ce qui concerne MM. Brice, Carron et Le Hérissé.

Concerts et Fêtes.

Notre premier grand concert du soir fut donné dans les jardins de l'Exposition le jeudi 12 mai, par l'excellente musique des Équipages de la flotte, dirigée par M. Karren qui, de passage à Rennes, avait pu s'arrêter dans notre ville, grâce à l'intervention de M. Le Bastard auprès de M. le ministre de la marine.

Dix autres concerts du soir furent organisés par notre Commission des fêtes, avec le bienveillant concours de la Musique municipale, de l'Harmonie de Sainte-Cécile, ainsi que du Choral rennais.

Ces fêtes eurent lieu dans le salon d'honneur et les jardins, éclairés au gaz et à l'électricité.

Enfin les musiques militaires, mises gracieusement à notre disposition par M. le général Hanrion, nous donnèrent un concert tous les mardis.

Les frais de toute nature occasionnés par ces différents concerts, y compris la lumière électrique et le gaz, s'élevèrent à 8,146ᶠ 05

les recettes n'ayant produit que. 6,704ᶠ 75

il en est résulté une perte de. 1,441ᶠ 30

Service des entrées à l'Exposition.

Le prix d'entrée, fixé à 1 fr., fut ensuite réduit à 0 fr. 50 pour les samedis et dimanches, puis abaissé une seule fois à 0 fr. 25, le jour de la Fête nationale.

Les ouvriers de Rennes reçurent 12,000 entrées gratuites par l'entremise de leurs patrons ou chefs d'ateliers.

Les élèves des écoles municipales et libres de la ville et du département avaient leur entrée gratuite, ainsi que tous les pensionnaires de nos hospices.

L'autorité militaire avait bien voulu se charger de distribuer aux soldats de la garnison, à raison de 50 entrées par jour, les 5,750 billets mis à sa disposition.

Il ne fut jamais délivré d'autres entrées gratuites sans une décision spéciale du Bureau, et cette concession ne fut jamais accordée qu'en échange de services rendus.

Les droits de place à l'Exposition industrielle se sont élevés au chiffre de **23,940** fr., suivant l'application de nos tarifs, supportés par tous les exposants, sauf exception en faveur de quelques ouvriers dont les travaux, présentant un véritable intérêt, avaient été admis gratuitement.

Et enfin les redevances spéciales, pour droits de vente à l'Exposition de certains produits industriels, nous ont procuré une recette de **2,377** fr. **95**.

Le dimanche **28** août, l'Exposition fermait ses portes, après une durée de 115 jours.

Loterie de l'Exposition.

La loterie de **20,000** billets, autorisée par arrêté de M. le Préfet en date du **4** avril, comprenait les tableaux et objets divers achetés par la Commission des Beaux-Arts, au moyen des **10,000** fr. mis à sa disposition, ainsi qu'une grande quantité d'œuvres offertes par de nombreux artistes, hommes de lettres et éditeurs.

Suivant délibération du **4** novembre, nous avions résolu d'arrêter l'émission de cette loterie, et de distribuer à nos souscripteurs, à titre de première répartition, *huit billets pour chaque part libérée de* **20** *fr.*

Nous avions également décidé que les billets non réclamés seraient attribués d'office, et que les lots non retirés dans les six mois du tirage devraient être vendus au profit du Bureau de bienfaisance.

Le tirage de la loterie eut lieu le **11** décembre **1887**, et nous avons fait procéder, le **10** juillet **1888**, à la vente aux enchères des lots non réclamés.

Cette vente a produit une somme de 275 fr. 10, versée le 28 août entre les mains de M. le receveur du Bureau de bienfaisance.

Liquidation.

Notre système de marchés à forfait nous avait permis de procéder rapidement à la liquidation de l'Exposition.

Nos entrepreneurs étaient rentrés en possession de leurs matériaux aussitôt après l'enlèvement des produits exposés, et nous avions dû faire vendre aux enchères les quelques objets de petit matériel achetés par la Commission.

La Ville avait bien voulu se charger de la remise en état du Champ de Mars, moyennant une indemnité de 1,000 fr. et l'abandon de nos graviers et arbustes.

Le 2 février 1888, la Commission générale approuvait les comptes de M. Lépinay, notre trésorier, et décidait qu'une somme de *trois francs* serait distribuée, à titre de deuxième et dernière répartition, *pour chaque part libérée de* 20 *fr. ;*

Que cette répartition aurait lieu par les soins de M. Jouïn, banquier, à partir du 15 février, jusqu'à fin mars, et que, passé ce délai, les sommes non réclamées seraient acquises au Bureau de bienfaisance ;

Que la planche gravée de notre diplôme serait offerte à la Ville, et que les registres et documents concernant l'Exposition seraient déposés aux Archives municipales.

Ces dépôts sont effectués, et, conformément aux décisions susénoncées, nous avons versé au Bureau de bienfaisance les sommes non réclamées, soit 687 fr.

Résumé de la Liquidation.

Le résumé de notre liquidation, en ce qui concerne le capital de garantie, peut s'établir comme suit, en prenant pour base la valeur nominale des cartes d'abonnement et des billets de loterie :

Nous avons distribué ou tenu à la disposition de nos souscrip-

teurs 1,145 cartes d'abonnement à 20 fr., donnant droit aux concerts et fêtes du soir . . . .   22,900 fr.
plus huit billets de loterie pour chacune des 2,079
parts libérées de 20 fr., soit. 16.632
et enfin 3 fr. en espèces, pour chacune de ces mêmes
parts.   6,237

ENSEMBLE. . .   45,769 fr.

Notre appel de 20 °/₀ avait produit.   41,580

Balance en faveur de l'Exposition . . . .   4,189 fr.

Nous avons donc ainsi distribué une carte d'abonnement de
20 fr. pour chacune des 1,145 souscriptions (quel qu'en soit le
montant), et nous avons réparti une valeur de 11 fr. en espèces
et billets de loterie, pour chacune des 2,079 parts libérées de
20 fr.

Comme résultat, 981 souscripteurs sur 1,145 (soit 86 °/₀) ont
trouvé un avantage dans cette combinaison.

Il ne s'agissait pas d'ailleurs d'une entreprise commerciale.
Notre but était plus élevé, et le succès de l'Exposition a prouvé
qu'à Rennes nous avions eu raison de compter sur l'initiative
privée et sur le dévouement de nos concitoyens à la chose publique.

Notre œuvre d'intérêt général laissera, nous l'espérons, un
souvenir durable, et profitera au développement de l'industrie
dans nos contrées.

La Commission générale a su rester unie jusqu'à la fin de la
tâche qu'elle s'était imposée. Je suis fier de cette union, et j'en
remercie personnellement mes collègues énergiques et dévoués,
qui avaient d'ailleurs abandonné leurs propres intérêts pour s'oc-
cuper exclusivement de l'Exposition.

Je suis certainement l'interprète de tous en exprimant encore
une fois notre reconnaissance et notre gratitude :

À M. Le Bastard, maire de Rennes, qui n'a cessé de nous
témoigner ses sympathies et nous a rendu tous les services que
nous avons eu l'occasion de lui demander :

A M. le général Hanrion, pour l'intérêt qu'il nous a porté en toute circonstance ;

A la Magistrature et à l'Armée, qui ont honoré de leur présence l'inauguration et la clôture de notre Exposition ;

Au Conseil général et au Conseil municipal pour leurs subventions ;

A la Presse rennaise pour son concours si désintéressé ;

Aux Exposants, qui avaient répondu avec empressement aux appels de la Commission et qui ont déployé tant d'activité pour être prêts au jour de l'inauguration ;

Aux membres de nos jurys, qui nous ont prêté leur concours gratuit ;

A la Compagnie des Chemins de fer de l'Ouest, pour la bienveillance avec laquelle elle a accueilli les diverses concessions que nous lui avions demandées ;

Et enfin à toutes les personnes qui, de près ou de loin, ont contribué à notre succès.

Nous avons également contracté une dette de reconnaissance envers nos banquiers, MM. Gicquel et Jouin, qui ont fait gratuitement nos encaissements. M. Jouin s'est aussi chargé, sans frais, du service de la répartition.

Nous ne devons pas non plus oublier M. Fleury, avoué, qui nous a gracieusement prêté le local de nos bureaux pendant les périodes d'organisation et de liquidation.

Je termine ce rapport en vous priant, Messieurs les Souscripteurs, d'agréer nos remerciements pour votre confiance de la première heure, car vous êtes les véritables fondateurs de l'Exposition de Rennes 1887.

Le Président de l'Exposition.

BÉRARD-PÉAN.

Septembre 1888.

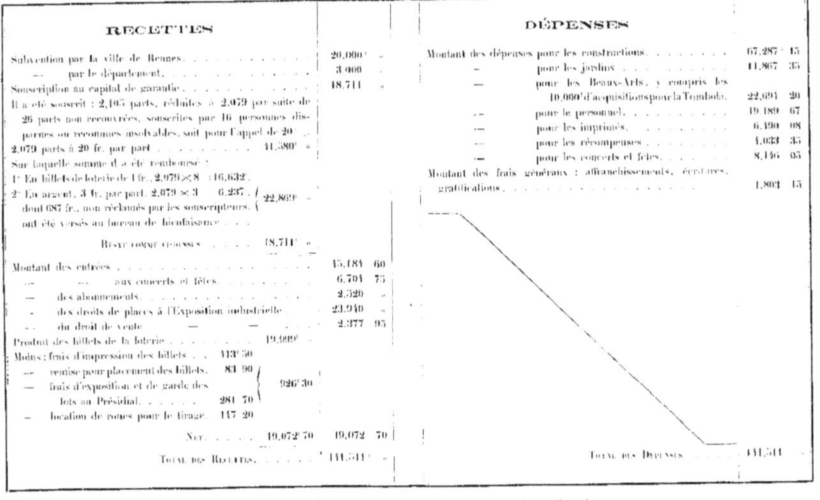

RECETTES

Subvention par la ville de Rennes	20.000'	»
— par le département	3.000	.
Souscription au capital de garantie	18.711	»
Il a été souscrit : 2,105 parts, réduites à 2.079 par suite de 26 parts non recouvrées, souscrites par 16 personnes disparues ou reconnues insolvables, soit pour l'appel de 20		
2.079 parts à 20 fr. par part . . . 41.580'		»
Sur laquelle somme il a été remboursé :		
1° En billets de loterie de 1 fr., 2.079 × 8 = 16.632'.		
2° En argent, 3 fr. par part, 2.079 × 3 = 6.237' } dont 687 fr., non réclamés par les souscripteurs, ont été versés au bureau de bienfaisance	22.869'	»
Reste comme ci-dessus . . . 18.711'		»
Montant des entrées	15.184	60
— aux concerts et fêtes	6.794	75
— des abonnements	2.520	»
— des droits de places à l'Exposition industrielle	23.940	»
— du droit de vente — —	2.377	95
Produit des billets de la loterie . . . 19.999'		
Moins : frais d'impression des billets . . . 113' 50		
— remise pour placement des billets . . . 83 90		
— frais d'exposition et de garde des lots au Présidial . . . 281 70 } 926' 30		
— location de roues pour le tirage . . . 147 20		
Net . . . 19.072' 70	19.072	70
TOTAL DES RECETTES	**141.541'**	**»**

DÉPENSES

Montant des dépenses pour les constructions	67.287'	15
— pour les jardins	11.867	35
— pour les Beaux-Arts, y compris les 10.000' d'acquisitions pour la Tombola	22.694	20
— pour le personnel	19.189	67
— pour les imprimés	6.190	08
— pour les récompenses	4.033	35
— pour les concerts et fêtes	8.146	05
Montant des frais généraux : affranchissements, écritures, gratifications	1.803	15
TOTAL DES DÉPENSES	**141.541**	

Le présent État certifié conforme aux livres déposés à la Mairie avec pièces à l'appui.

Rennes, le 25 septembre 1888.

Le Trésorier de l'Exposition.

LÉPINAY.

EXPOSITION DES BEAUX-ARTS

RAPPORT DE M. LUCIEN DECOMBE

Vice-Président de la Commission des Beaux-Arts.

Depuis quarante ans la ville de Rennes a vu dix Expositions de diverse nature. Nous allons les signaler brièvement.

Le 1er septembre 1849, l'Institut des Provinces ouvrait à Rennes la XVIe session des Congrès scientifiques de France. A cette occasion, on organisait une Exposition des Beaux-Arts à laquelle étaient conviés les artistes de quatorze départements de la région du Nord-Ouest. Cent quinze artistes répondirent à l'appel de l'Institut des Provinces en envoyant à Rennes trois cent quatre-vingt-deux œuvres, qui furent exposées pendant un mois dans les salles de la Halle-aux-Toiles.

Au mois de juin 1854 eut lieu le Concours régional agricole, en même temps qu'une Exposition régionale industrielle et artistique qui dura du 1er au 31 août. Le Palais universitaire, qui venait d'être terminé, se prêtait admirablement à une exhibition de ce genre : le rez-de-chaussée reçut les produits de l'Industrie, et l'on disposa au premier étage les Arts industriels et les Beaux-Arts. Les exposants industriels furent nombreux, mais il n'en fut pas de même des artistes, dont le nombre ne fut que de trente-huit, avec quatre-vingt-deux œuvres seulement,

En 1859, la ville de Rennes vit revenir le Concours régional agricole, et avec lui la seconde Exposition industrielle et artistique, qui eut lieu du 15 août au 30 septembre. C'était l'époque des vacances, circonstance qui permit d'installer l'Exposition partie au Palais universitaire, partie dans les cours du Lycée. Cette fois, les artistes exposants furent plus nombreux qu'en 1854 : il en vint quatre-vingt-deux, qui présentèrent deux cent quatre-vingt-dix œuvres.

En juin 1863, nouveau Concours agricole. Cette fois, si l'Industrie et l'Art moderne sont exclus du programme de l'Exposition, l'Art rétrospectif y tient une place honorable. C'est, en effet, à la Société archéologique d'Ille-et-Vilaine qu'il appartient d'organiser, dans les salles du Présidial, une Exposition dans laquelle figurent deux cent trente-sept peintures, cent vingt-deux pastels, aquarelles, miniatures, dessins, représentant toutes les écoles anciennes; plusieurs centaines d'objets d'art de l'antiquité, du moyen âge, de la Renaissance; enfin, de nombreux spécimens des faïences françaises des XVIe, XVIIe et XVIIIe siècles.

A la fin de l'année 1864, sur l'initiative de M. le Dr Aussant, alors directeur du Musée, eut lieu, également au Présidial, une Exposition spéciale de faïences anciennes qui eut pour résultat de mettre en relief la céramique bretonne, et, en particulier, de faire connaître et de mettre en lumière la vieille faïence de Rennes, ignorée jusque-là, et si recherchée depuis cette époque.

Pendant le rude hiver de 1870-71, alors que Paris était investi, quelques citoyens prirent l'initiative d'une Exposition artistique suivie d'une loterie, en vue d'apporter quelque soulagement à nos soldats blessés, et particulièrement aux Mobiles bretons. Cette Exposition, en quelque sorte improvisée, eut lieu à l'Hôtel de Ville, dans la salle des fêtes, disposée à cet effet, et divisée en plusieurs salons au moyen de cloisons et de paravents. De tous les coins de la Bretagne arrivèrent des tableaux, des études, des aquarelles, des dessins, des statuettes, qui remplirent bientôt les salons de la Mairie, où il furent exposés pendant un mois.

En septembre 1872, c'est encore le Concours régional agricole qui fournit à la Société archéologique l'occasion d'organiser une nouvelle Exposition rétrospective. Elle y ajoute cette fois une Exposition d'art contemporain à laquelle elle convie exclusivement les artistes nés ou domiciliés en Bretagne. Soixante-quinze artistes répondent à cette invitation en envoyant deux cent sept œuvres, qui sont exposées du 29 août au 15 septembre, dans les salles du rez-de-chaussée du Présidial.

Une des plus remarquables Expositions artistiques dont Rennes ait gardé le souvenir est incontestablement celle de la loterie de la Société des Hospitaliers-Sauveteurs bretons. Elle eut lieu en mai et juin 1875, au Présidial, et réunit quatre cent vingt-quatre œuvres offertes à la Société par deux cent quarante-cinq artistes, parmi lesquels figurèrent les plus célèbres de nos contemporains.

Au mois de mai 1880, Rennes est de nouveau le siège du Concours régional agricole. Cette fois encore, c'est la Société archéologique d'Ille-et-Vilaine qui se charge d'organiser dans les salles du Présidial une Exposition rétrospective, en réservant une partie de son local pour l'Art contemporain. Cent deux artistes y envoient deux cent soixante-quinze œuvres.

Enfin, en 1887, revient à Rennes le Concours régional, et avec lui la 10e Exposition d'art, sur laquelle nous allons donner quelques renseignements succincts.

Dès le mois de mars 1886, deux membres de la Commission du Musée soumirent à M. Le Bastard, maire de Rennes, un projet d'organisation pour l'année suivante d'une Exposition des Beaux-Arts et des Arts industriels. Le Maire accueillit avec faveur cette idée, mais, par suite de diverses circonstances que nous n'avons pas à apprécier ici, ce ne fut qu'au mois d'août, c'est-à-dire cinq mois plus tard, que le Conseil municipal décida en principe qu'une Exposition artistique aurait lieu à l'occasion du Concours régional agricole de 1887. Au mois de septembre la municipalité nomma une Commission d'organisation, et mit à sa disposition les bâtiments non terminés du petit Lycée, situés place Toussaints, rues du Lycée et Saint-Thomas.

Pendant que l'on poussait avec activité les travaux d'appropriation du petit Lycée; pendant que la Commission adressait plus de 2,500 invitations à tous les industriels d'art des quatorze départements de la région, ainsi qu'à tous les artistes français, — peintres, sculpteurs, graveurs, architectes, — dont elle relevait les noms dans les livrets des Salons de 1885 et de 1886; pendant que la Commission arrêtait et réglait tous les détails d'une entreprise que certains esprits chagrins qualifiaient de téméraire, il se formait à Rennes, sous le patronage de la presse locale, un Syndicat d'industriels et de commerçants qui entreprenait, en dehors de toute attache officielle ou administrative, une œuvre autrement audacieuse : l'organisation d'une Exposition nationale et régionale du Commerce et de l'Industrie.

La Commission industrielle et la Commission des Beaux-Arts travaillaient avec ardeur, chacune de son côté ; mais elles comprirent qu'il était de leur intérêt à toutes deux de ne faire qu'une seule Exposition. Aussi, à la fin de janvier 1887, s'opérait entre les deux Commissions une fusion avantageuse pour tous. Les locaux du petit Lycée furent abandonnés par les Beaux-Arts, auxquels l'Industrie offrit la place d'honneur dans sa construction du Champ de Mars, c'est-à-dire, au centre du Palais de l'Exposition, trois vastes salles spécialement distribuées et aménagées pour recevoir les tableaux, les dessins et les sculptures. A partir de ce moment les efforts combinés des deux Comités ne tendirent plus qu'à un seul et même but : le succès de l'Exposition de l'Industrie, du Commerce et des Beaux-Arts.

Ce but a-t-il été atteint au point de vue spécial des Beaux-Arts ? Ce n'est point à nous de le dire. Nous constaterons seulement le résultat que nous avons obtenu : **487** ARTISTES FRANÇAIS ONT RÉPONDU A L'INVITATION DE LA COMMISSION, ET **1,067** ŒUVRES ONT ÉTÉ EXPOSÉES.

Quant à la valeur des artistes exposants et à l'importance de leurs œuvres, nous ne pouvons que renvoyer au Catalogue officiel de l'Exposition. Cette nomenclature suffira pour indiquer le niveau de notre Exposition de 1887 : on y rencontrera, et en grand nombre, les noms d'artistes dont la réputation n'est plus à faire depuis longtemps, et dont le talent a été consacré non seulement par les plus hautes distinctions officielles, mais encore et surtout, — ce qui vaut infiniment mieux, — par la faveur constante du public ami des choses de l'art.

A côté de ces artistes en renom, une large place avait été faite aux jeunes, et la Commission n'a eu qu'à s'en féliciter, car ceux-ci ont fourni à l'Exposition un contingent remarquable à tous égards. Le Jury l'a bien compris d'ailleurs, en décernant ses récompenses exclusivement aux artistes non récompensés aux Salons de Paris, et en leur accordant 7 diplômes d'honneur, 11 premières médailles, 17 deuxièmes médailles, 36 troisièmes médailles et 14 mentions (1).

L'œuvre entreprise par la Commission des Beaux-Arts n'eût pas été complète si celle-ci n'avait pas offert aux artistes exposants quelques chances de vente en dehors des acquisitions que les particuliers pouvaient faire directement. C'est dans ce but que fut organisée la tombola, et que, grâce à la subvention de 10,000 fr. mise à la disposition de la Commission, cinquante artistes trouvèrent le placement de soixante-huit œuvres de tout genre. De plus, trois œuvres furent acquises par le Musée de Rennes, une par le Musée d'Angers, et plus de quarante tableaux furent vendus à des amateurs pendant la durée de l'Exposition.

La Commission n'eût-elle obtenu que ce seul résultat, qu'elle serait encore satisfaite de son œuvre, et, dès lors, suffisamment récompensée de ses peines et de ses soins.

Le Vice-Président de la Commission des Beaux-Arts,

Lucien DECOMBE.

(1) Le Jury des Beaux-Arts était composé de MM. Henri CHAPU, sculpteur, officier de la Légion d'honneur, membre de l'Institut, *président ;* — Tancrède ABRAHAM, peintre et aquafortiste, officier de l'Instruction publique ; — Hippolyte BERTEAUX, peintre ; — Jules DAUBAN, peintre, conservateur du Musée d'Angers, chevalier de la Légion d'honneur, correspondant de l'Institut ; — Auguste FEYEN-PERRIN, peintre, chevalier de la Légion d'honneur ; — Emmanuel LANSYER, peintre, chevalier de la Légion d'honneur ; — BAYARD DE LA VINGTRIE, sculpteur, chevalier de la Légion d'honneur, *secrétaire.*

RÈGLEMENT GÉNÉRAL DE L'EXPOSITION

I

Dispositions générales.

Article 1er. — L'Exposition Industrielle et Commerciale organisée à Rennes, sous le patronage de la Presse et par les soins d'un syndicat d'industriels et de commerçants, sera ouverte le 6 mai 1887.

Elle durera au minimum trois mois.

Une décision ultérieure du Comité fixera la date de la clôture.

Art. 2. — Le Comité, nommé par la réunion générale des industriels et commerçants de Rennes, est chargé de l'organisation de la direction de l'Exposition.

Ce Comité se subdivisera en autant de commissions qu'il le jugera utile.

Art. 3. — L'Exposition sera établie sur le Champ de Mars.

Elle occupera une superficie d'environ trois hectares.

Art. 4. — Les objets admis à l'Exposition seront répartis en trois catégories, les deux premières *Régionales* et l'autre *Nationale*.

La première catégorie comprendra les produits de l'industrie des quatorze départements de la région, c'est-à-dire : Calvados, Côtes-du-Nord, Eure, Eure-et-Loir, Finistère, Ille-et-Vilaine, Loire-Inférieure, Maine-et-Loire, Manche, Mayenne, Morbihan, Orne, Sarthe, Seine-Inférieure ;

La seconde comprendra l'Exposition commerciale des mêmes quatorze départements ;

La troisième comprendra tous les objets fabriqués en France, exclus des deux premières catégories, exposés par leurs producteurs, *hors concours*. Toutefois, le Comité se réserve la faculté d'accepter cette troisième catégorie dans la limite de l'espace disponible.

L'Exposition sera nationale en ce qui concerne l'*Électricité*.

Art. 5. — Les objets exposés sont répartis en sections, groupes et classes, d'après un système de classification annexé au présent règlement, et que le Comité se réserve de modifier ultérieurement, s'il en est besoin.

Les exposants dont les produits sont mentionnés dans différentes classes et même dans différents groupes, pourront demander au Comité l'autorisation de les réunir dans une seule exposition.

Art. 6. — Il sera dressé, à l'aide des renseignements consignés aux bulletins de demande d'admission, un catalogue officiel des objets exposés.

Art. 7. — Aucun objet exposé ne peut être dessiné, copié ou reproduit sous une forme quelconque, sans une autorisation par écrit de l'exposant. Le Comité se réserve cependant le droit d'autoriser la reproduction des vues d'ensemble de l'Exposition.

Art. 8. — Aucun objet exposé ne pourra être retiré avant la clôture de l'Exposition sans une autorisation spéciale et par écrit du Comité. Toutefois, le Comité pourra autoriser certains *exposants* à vendre leurs produits dans l'Exposition sous les conditions spéciales qui seront édictées.

Art. 9. — Des mesures seront prises pour protéger contre tout larcin et toute avarie les produits exposés, mais le Comité, ni le syndicat de l'Exposition, ne seront en aucun cas civilement responsables des accidents, incendies, dégâts, dommages ou détournements dont ils auraient à souffrir.

Art. 10. — L'Exposition est constituée en entrepôt réel.

Art. 11. — Le service des entrées fera l'objet d'un règlement spécial.

Art. 12. — Des règlements et circulaires détermineront en temps utile les modes d'envoi, de réception et d'installation des produits, le mode de formation et de fonctionnement du jury des récompenses, ainsi que le régime des entrées des locaux de l'Exposition.

Art. 13. — Toute communication relative à l'Exposition doit être adressée sous pli fermé au Secrétariat de l'Exposition, 18, rue de la Chalotais, Rennes.

Art. 14. — Toutes annonces, enseignes, pièces imprimées ou autres, destinées à être affichées ou distribuées dans l'enceinte de l'Exposition, devront au préalable être autorisées et approuvées par le Comité.

Art. 15. — En compensation des frais d'installation et de décoration générale de l'Exposition, l'espace occupé par chaque exposant donnera lieu de sa part à une rétribution par mètre carré de surface.

Cette rétribution variera dans les limites suivantes :

1° Surface horizontale :

De 1 mètre carré à 2 mètres: 25 francs le mètre carré.

Chaque mètre carré en plus, de 2 à 5 mètres : 20 francs.

Chaque mètre carré en plus, de 5 à 10 mètres : 15 francs.

Chaque mètre carré en plus, de 10 à 50 mètres : 10 francs.

Chaque mètre carré en plus, de 50 mètres : 8 francs.

Toutefois, les installations qui auraient moins d'un mètre de profondeur seront mesurées selon leur longueur multipliée par un mètre.

Les installations isolées ou d'angle seront comptées comme ayant une surface égale au développement des parties vues, multiplié par leur profondeur, avec un minimum de un mètre.

2° Les surfaces murales occupées avec une saillie maximum de 0^m25 seront cotées à raison d'un prix uniforme de 5 fr. le mètre carré.

Pour toute saillie excédant 0^m25, le prix sera compté comme surface horizontale ayant un minimum de un mètre de profondeur.

3° Le prix uniforme de location en plein air sera de 5 fr. par mètre carré.

Toute fraction de mètre sera comptée, dans n'importe quelle série, pour un mètre entier.

Les redevances sus-indiquées ne dispensent en aucune façon les exposants des conditions spéciales prévues par l'article 8.

Le règlement de ces différentes rétributions sera effectué, au plus tard, dans le mois qui suivra l'ouverture de l'Exposition, sous peine d'enlèvement immédiat (sans recours de l'exposant) des produits déposés sur l'emplacement dont le loyer n'aurait pas été payé.

Art. 16. — Chaque exposant, en sollicitant son admission, déclare par cela même adhérer aux dispositions du présent règlement général et à celles des règlements spéciaux qui seront ultérieurement établis, ainsi qu'à toutes les mesures d'ordre que le Comité croirait devoir prendre.

II

Admission des Exposants.

Art. 17. — Chaque exposant devra préalablement adresser au Secrétariat général de l'Exposition un bulletin de *demande d'admission* qui indiquera :

1o Les nom, prénoms ou raison sociale, et domicile de l'exposant ;

2o Le siège de son établissement ;

3o La catégorie où il demande à exposer ;

4o La nature et le nombre approximatif des objets ;

5o L'espace demandé (surface horizontale, murale. — à couvert. — en plein air) ;

6o Le nom du représentant de l'exposant à Rennes, s'il en a un.

Des bulletins de demande d'admission indiquant tous les renseignements à fournir seront mis à la disposition des exposants qui en feront la demande.

Art. 18. — Les demandes d'admission devront parvenir au Secrétariat général de l'Exposition, au plus tard avant le 15 mars 1887.

Art. 19. — Une Commission déléguée par le Comité statuera sur les demandes d'admission et sur la catégorie de l'exposant ; adressera un certificat d'admission aux exposants acceptés.

Art. 20. — Les produits devront être adressés en port payé, le 20 avril au plus tard, au local de l'Exposition. Le Comité fera disposer les marchandises en l'emplacement réservé à l'exposant, aux risques et frais de ce dernier, et fera le nécessaire pour obtenir des Compagnies de chemins de fer des réductions importantes sur les prix de transport.

Les exposants devront effectuer à leurs frais le déballage, l'installation, l'étalage, l'entretien, le nettoyage, et enfin le réemballage de leurs produits, ainsi que la mise en état des caisses vides.

Art. 21. — Les exposants qui, dans leur bulletin de demande d'admission, tenteraient de surprendre la bonne foi du Comité en indiquant une fausse origine de leurs produits, ou en trompant sur le siège véritable de leur commerce ou industrie, seraient exclus sans préjudice des peines de droit commun qu'ils auraient encourues par leurs fausses déclarations.

III

Dispositions spéciales.

Art. 22. — Sont admissibles à l'Exposition, tous les produits de l'industrie française dans leurs catégories respectives, sauf les exceptions et réserves mentionnées à l'article 4 et à l'article ci-après.

Art. 23. — Sont exclues, les matières détonantes, fulminantes, et en général toute matière jugée dangereuse.

Ne seront reçus que dans des vases solides, appropriés et de dimensions restreintes, les esprits et les alcools, les huiles et les essences, les matières corrosives, et généralement les corps qui peuvent altérer les autres produits et incommoder le public.

Art. 24. — Les exposants de matières incommodes ou insalubres devront se conformer en tout temps aux mesures de sûreté qui leur sont prescrites.

Art. 25. — Le Comité se réserve le droit absolu de faire retirer les produits de toute provenance qui, par leur nature ou par leur aspect, lui paraîtraient nuisibles ou incompatibles avec le but ou les convenances de l'Exposition.

Art. 26. — Aucun exposant ne sera autorisé à céder tout ou partie de l'emplacement qui lui aura été alloué, ou à permettre l'exposition d'autres objets que les siens, sauf autorisation par écrit du Comité.

Art. 27. — Un règlement spécial déterminera les conditions relatives à l'installation et à la marche des machines, et le tarif réglant le prix de l'eau et du gaz.

Les exposants qui auraient besoin d'*eau* et de *gaz* déclareront sur le bulletin de demande d'admission la quantité d'*eau* et de *gaz* qui leur est nécessaire par heure.

IV

Administration et Police.

Art. 28. — Les produits seront exclusivement exposés sous le nom des signataires de la demande d'admission.

Art. 29. — Les exposants sont autorisés à inscrire à la suite de leur nom ou de leur raison sociale les noms des coopérateurs de tout genre et de tout grade qui ont contribué au mérite des objets exposés.

Art. 30. — Le Comité se réserve le droit de rejeter ou de faire modifier aux frais des exposants toute décoration qui ne lui paraîtrait pas compatible avec l'agencement de l'Exposition.

Tous les frais d'installation ou de décoration restent à la charge de l'exposant.

Art. 31. — Après la clôture de l'Exposition, l'exposant devra faire enlever les produits exposés dans les délais fixés par la Commission ; faute de quoi, ces produits seraient déposés en magasin à ses frais. Au bout de six mois, ils seront vendus aux enchères au bénéfice des pauvres.

Art. 32. — Une convention spéciale passée entre le Comité et les industriels qui en feront la demande, permettra à ces derniers d'établir des restaurants, buvettes, cafés, dont ils auront été rendus adjudicataires; de vendre des catalogues, etc.

Art. 33. — Les exposants ne devront pas faire annoncer à haute voix le prix de leur marchandise, ni tolérer que leurs employés fassent à haute voix un boniment quelconque pouvant incommoder le public et les exposants voisins.

Art. 34. — Un règlement spécial du Comité déterminera les conditions dans lesquelles pourra être pratiqué l'essai des instruments de musique ou de toute marchandise pouvant gêner par le bruit.

Art. 35. — L'Exposition des Beaux-Arts et des Arts industriels se joignent à l'Exposition Industrielle et Commerciale.

L'Exposition des Arts industriels sera régie par le présent règlement.

L'Exposition artistique, proprement dite, sera régie par son règlement spécial.

V

Jury et Récompenses.

Art. 36. — Le Jury d'examen sera choisi parmi les représentants les plus autorisés des Sciences, de l'Industrie et du Commerce.

ART. 37. — Le Jury s'entourera de toutes les garanties qu'il jugera nécessaires à l'accomplissement de sa mission. Il aura toujours le droit d'exclure tout exposant qui aurait tenté de surprendre sa bonne foi.

ART. 38. — Les récompenses décernées par le Jury consisteront, pour la première catégorie et pour l'Exposition d'Électricité, en diplômes d'honneur, médailles d'or, de vermeil, d'argent et de bronze, et mentions honorables, et en diplômes divers pour les deux autres catégories.

ART. 39. — La séance de distribution des récompenses aura lieu dans le mois qui précédera la clôture de l'Exposition.

VI

Expositions annexes. — Fêtes.

ART. 40. — Des expositions supplémentaires, des concours, des congrès, des conférences, etc., ainsi que des fêtes, pourront être organisés pendant toute la durée de l'Exposition.

NOTA. — La Commission enverra sur demande la classification générale.

Rennes, le 5 février 1887.

EXTRAIT DU RÈGLEMENT

Relatif à la vente, dégustation et livraison d'échantillons des objets exposés.

ARTICLE 1er. — Tous les produits exposés pourront être vendus, livrables après la clôture de l'Exposition, et porter la mention *vendu* pendant toute la durée de celle-ci.

Aucune redevance n'est due du chef de ces ventes. Le Comité administratif s'efforcera, au contraire, de les favoriser par tous les moyens en son pouvoir.

ART. 2. — Les exposants qui, dans les halles, transforment la matière première en produits fabriqués sous les yeux du public, ainsi que ceux qui exposent de menus objets facilement transportables et de vente courante, pourront être autorisés à vendre sur-le-champ, moyennant le payement d'une redevance supplémentaire et indépendante du prix de location des terrains tels qu'il est fixé par le Règlement général : jusqu'à 2 mètres, 100 fr. ; de 3 à 4 mètres, 150 fr. ; de 5 à 8 mètres, 200 fr., et de 9 à 12 mètres, 300 fr.

ART. 3. — Les exposants de boissons ou de comestibles pourront, moyennant le payement d'une somme fixe de 50 fr. en plus des redevances prévues à l'art. 2, être autorisés à vendre des échantillons de leurs produits ou les faire déguster contre payement, par petites quantités, sur place et debout.

ART. 4. — Les exposants qui seront admis à établir à leurs frais, dans les jardins, des pavillons réservés exclusivement à leur industrie spéciale, pourront être autorisés à y vendre leurs produits.

Les surfaces concédés dans les jardins avec droit de vente immédiate sont taxées au prix de 75 fr. le mètre carré. Ce prix de 75 fr. est indépendant du prix de la location des terrains tel qu'il est fixé par le Règlement général.

RÈGLEMENT INTÉRIEUR DE L'EXPOSITION

ARTICLE 1er. — Le Comité d'administration de l'Exposition de Rennes est seul chargé de prendre les mesures d'ordre intérieur qu'il juge convenable, et de désigner les employés attachés à l'Exposition.

ART. 2. — L'Exposition sera ouverte tous les jours, à sept heures du matin pour les exposants, à neuf heures pour les abonnés et le public. Elle sera fermée à six heures du soir.

ART. 3. — Il est expressément défendu aux visiteurs de toucher aux objets exposés.

Il est expressément défendu de fumer dans les bâtiments de l'Exposition.

Il est défendu de pénétrer dans l'Exposition, bâtiments et jardins, avec des chiens, paniers, valises ou paquets.

Les paniers, valises ou paquets devront être rigoureusement déposés au vestiaire, moyennant une rétribution de cinq centimes par objet.

ART. 4. — Une surveillance de jour et de nuit sera établie dans les bâtiments ou jardins de l'Exposition. Il est permis à des groupes d'exposants de faire les frais d'un ou plusieurs gardiens spéciaux agréés par la Commission.

ART. 5. — Le personnel de surveillance sera placé sous les ordres d'un Commissaire délégué, choisi par le Comité d'administration.

ART. 6. — Un registre de réclamations, placé dans le bureau du commissariat de l'Exposition, sera à la disposition des exposants ou des visiteurs qui auraient des plaintes à adresser.

Les réclamations ne seront examinées que tout autant que le plaignant les aura signées, en indiquant d'une manière lisible son nom et son adresse.

Ce registre sera chaque jour visé par le Commissaire délégué et présenté aux membres du Comité désignés à cet effet.

ART. 7. — Les gardiens sont chargés de la bonne exécution du règlement ; ils seront également chargés de la surveillance des objets exposés.

ART. 8. — Il est absolument interdit aux agents de l'Exposition, sous peine de renvoi immédiat, d'accepter aucune rétribution du public.

ENTRÉES

ART. 9. — Le droit d'entrée est fixé à 1 fr. par personne à partir de neuf heures du matin jusqu'à six heures du soir. Les enfants au-dessous de cinq ans, accompagnés de leurs parents, ne paient pas d'entrée. À six heures du soir, les visiteurs devront quitter les bâtiments de l'Exposition.

Les jardins pourront être de nouveau ouverts à huit heures du soir, à des conditions spéciales qui seront ultérieurement indiquées.

Les militaires de toutes armes et de tout grade, en tenue, ne paieront que demi-entrée et demi-abonnement.

Il sera remis au général commandant le 10e corps d'armée des billets gratuits pour permettre aux soldats de la garnison de visiter l'Exposition.

Le général en chef fera la distribution de ces billets entre les différentes troupes de la garnison, de manière à ce que le nombre des soldats admis chaque jour ne dépasse pas cinquante.

ART. 10. — Le Comité se réserve le droit d'augmenter dans certains jours le prix d'entrée ; dans ce cas, avis en sera donné par la voie de la presse et par des affiches placées aux entrées de l'Exposition.

Art. 11. — Le Comité se réserve également le droit de diminuer le prix d'entrée dans certaines circonstances, pour faciliter la visite de l'Exposition.

Art. 12. — Des entrées avec prix spéciaux pourront être également délivrées aux chefs d'établissements industriels ou commerciaux, et aux chefs d'institution scolaires, à des conditions qui seront déterminées par le Comité.

Art. 13. — Le contrôle des entrées générales sera établi à l'aide de tourniquets placés à chaque porte.

Art. 14. — Il n'est dans aucun cas délivré de cartes de sortie. Tout visiteur qui aura quitté l'Exposition devra payer à nouveau le prix d'entrée.

ENTRÉES PERMANENTES

DISPOSITIONS GÉNÉRALES

Art. 15. — Les entrées permanentes sont de quatre sortes : cartes de souscripteurs, cartes d'abonnement, cartes d'exposants, cartes de service.

Art. 16. — Toute demande de cartes permanentes d'abonnement et d'exposants doit être accompagnée du portrait-carte du demandeur.

Cette photographie *(format carte de visite)* portera au dos, lisiblement écrits, le nom, l'adresse et la signature du demandeur.

Art. 17. — Le titulaire d'une carte permanente, de quelque nature qu'elle soit, produit sa carte en entrant. Il est tenu, à toute réquisition d'un contrôleur, d'apposer sa signature sur un registre spécial.

Art. 18. — Toute carte permanente trouvée en d'autres mains que celles du titulaire est annulée de plein droit, sans préjudice des poursuites légales et sans aucune restitution.

Art. 19. — Les cartes permanentes sont délivrées : avant l'ouverture, aux bureaux de l'Exposition ; et, après l'ouverture, au bureau du service des entrées. Elles devront être retirées par le demandeur en personne, qui apposera sa signature aussi bien sur sa carte que sur un registre spécial.

DISPOSITIONS PARTICULIÈRES

Cartes de Souscripteurs.

Art. 20. — Les cartes de souscripteurs au capital de garantie de l'Exposition seront de couleur rouge.

Le Comité se réserve expressément la faculté de modifier la disposition de ces cartes s'il le juge nécessaire.

Cartes d'Abonnement.

Art. 21. — Le prix d'abonnement pour toute la durée de l'Exposition est fixé comme suit :

Pour un Homme	20 fr.
Pour une Dame.	15
Pour un Enfant de cinq à quinze ans . . .	5

Art. 22. — Les cartes d'abonnement seront de couleur verte. Elles donnent aux titulaires le droit d'entrée dans toutes les parties de l'Exposition, de neuf heures du matin à six heures du soir, sans que jamais les augmentations de prix prévues par les art. 9 et 10 puissent les atteindre.

Les abonnés peuvent entrer dans les jardins les jours de fête et de concert, de huit à onze heures dans la soirée.

Cartes d'Exposants.

Art. 23. — Chaque exposant a droit à une seule carte, sur sa demande écrite. Cette carte peut être délivrée à son représentant; mais l'exposant demeure responsable des contraventions que le titulaire pourrait encourir.

Les cartes seront de couleur bleue.

Art. 24. — Les cartes d'exposants, signées du titulaire, portent le numéro du groupe et de la classe auxquels il appartient. Les cartes d'exposants ne sont valables que de sept heures du matin à six heures et demie du soir.

Cartes de Service.

Art. 25. — Elles sont délivrées aux membres du jury et aux fonctionnaires qu'un service actif appelle dans l'intérieur de l'Exposition.

Art. 26. — Des cartes spéciales pour la presse seront délivrées par les soins du Comité d'administration.

Art. 27. — En dehors des cas prévus par le présent Règlement, le Comité s'interdit le droit de délivrer aucune carte permanente et gratuite.

Jetons de Service.

Art. 28. — Il sera délivré des jetons de service à toute personne que son service appelle dans l'intérieur de l'Exposition, aux employés ou ouvriers des exposants ou des entrepreneurs des différents services de l'Exposition.

Art. 29. — Les exposants ou entrepreneurs devront donner le nom des employés en indiquant la nature et la durée probable de leurs fonctions.

Art. 30. — Les cartes de service seront délivrées au service des entrées, le lundi, de deux à cinq heures.

Art. 31. — Les cartes de service indiqueront, dans chaque cas, les heures pendant lesquelles elles seront valables.

La couleur ou le format sera changé quand le Comité le jugera nécessaire.

Art. 32. — Toute carte de service prêtée par un employé sera détruite, et l'entrée de l'Exposition sera interdite à l'employé fautif. L'exposant sera tenu de payer l'entrée du remplaçant ou de prendre un abonnement.

Chaque concessionnaire est responsable de l'abus qui peut être fait de ses cartes.

Art. 33. — L'entrée et la sortie des employés, ouvriers ou gens de service des exposants ou entrepreneurs, se feront par une porte spéciale.

Les cartes de service seront, à l'entrée, marquées à l'emporte-pièce; celles qui ne seront plus valables seront retirées.

Art. 34. — Les exposants et concessionnaires ne peuvent faire entrer leurs marchandises en approvisionnement que de sept heures à huit heures du matin. Une porte spéciale est destinée au service des approvisionnements ainsi qu'à l'entrée et à la sortie des matériaux.

Les bons d'entrée pour les ouvriers et manœuvres chargés de ce transport seront d'un modèle spécial et valables seulement pour la matinée jusqu'à dix heures.

Art. 35. — À huit heures et demie, tous les transports doivent être terminés, et le personnel chargé de ce service devra quitter l'Exposition aussitôt son travail fait.

Les agents chargés de la surveillance veilleront à l'accomplissement de cette mesure.

Art. 36. — Le nettoyage des objets exposés doit être fait par les exposants et terminé à neuf heures du matin au plus tard. L'enlèvement des détritus doit être terminé avant cette heure-là.

Art. 37. — Le colportage, tant dans les halles que dans les jardins, est interdit, ainsi que les annonces bruyantes, les appels aux acheteurs, et en général toutes les manifestations de nature à troubler l'ordre.

Art. 38. — Un cahier des charges spécial régit l'exploitation des restaurants, cafés, buvettes et autres établissements concédés par le Comité.

La vente des objets, la livraison des échantillons et la dégustation des produits exposés font l'objet d'un règlement particulier.

Art. 39. — Les visiteurs et les exposants sont soumis aux dispositions du présent Règlement, qui sera affiché dans l'intérieur de l'Exposition.

Art. 40. — Le Comité se réserve le droit de faire subir au présent Règlement toutes les modifications qui pourraient être exigées par les besoins du service ou de la saison.

Rennes, le 28 février 1887.

Le Président du Comité d'organisation,

GÉRARD-PÉAN.

ARTICLE ADDITIONNEL AU RÈGLEMENT GÉNÉRAL

DU 5 FÉVRIER

Ayant pour objet d'établir le prix des surfaces occupées dans les galeries annexes ci-après indiquées :

1° Galerie ouverte ayant 5 mètres de profondeur, aspectée au Midi, attenant à l'Exposition principale, sur une longueur de 165 mètres.

Réduction de moitié sur le prix des surfaces horizontales ou murales des galeries principales.

2° Galeries annexes destinées à l'exposition des voitures :

Pour une voiture occupant une surface ne dépassant pas 5 mètres carrés : 50 fr.

Pour une voiture occupant une surface de plus de 5 mètres carrés : 75 fr.

Nota. — Le Comité fait observer que les exposants demandant les surfaces horizontales n'ont rien à payer des surfaces murales qui pourront se trouver masquées par leur exposition.

LISTE DES SOUSCRIPTEURS

MM.

1.	ABADIE, Chaussures, rue de la Monnaie, 10	100 fr.
2.	ABGRALL, Café des Fleurs, Galeries Méret	100
3.	AIDE, Fabricant de pipes, rue de Berlin, 7	100
4.	ALLAIN-DUPUY, Boulanger, rue aux Foulons	100
5.	ALLAIN, Boucher, boulevard de la Liberté	100
6.	ALLAIN DES BEAUVAIS, Commissaire-Priseur	100
7.	ALLAIN, Serrurier, rue Vau-Saint-Germain	100
8.	ALLOUIS, Café des Arts, rue Poullain-Duparc, 14	100
9.	ALBERT, Représentant de commerce, rue d'Isly, 8	100
10.	ALEXANDRE et fils, Négociants, rue de Bordeaux, 3	200
11.	ALEXANDRE, père, rue Victor Hugo, 12	200
12.	AMAITRES, père, Bottier, quai de l'Université, 2	100
13.	AMAITRES-LAFOND, rue Chalais, 1	100
14.	ALBERT, Chemiserie moderne, rue Lafayette, 6	500
15.	ANGE BOSSARD et fils, Négociants, Mail-Donges	1.000
16.	ANGER-MÉLUSSON, Mégissier, rue Parcheminerie	1.000
17.	ANDRÉ et GUISLARD, au Crispin, rue aux Foulons	100
18.	ANGLA, Maréchal-ferrant, rue du Mail, 8	100
19.	ANDOUARD, Cafetier, rue de Nemours, 3 bis	100
20.	ANGEVIN (Édouard), Serrurier, Avenue de la Gare, 32	100
21.	ANGEVIN, Serrurier, Avenue de la Gare, 16	100
22.	ANGEVIN, père, rue de Châtillon, 13	200
23.	ANDRÉ, Charcutier, rue Vasselot, 13	100
24.	APPERT, Peintre en voitures, rue Thiers, 13	200
25.	ARRONDEL (François), Marchand de bois à Janzé	100
26.	ARRONDEL (Désiré), à Janzé	200
27.	AUBRÉE, Restaurateur, rue de Rohan, 4	100
28.	AUBRÉE (Mme), Restaurant, rue de Rohan, 4	100
29.	AUBIN, fils, Représentant de la Maison Guy, à Saint-Cyr	100
30.	AUBIN (Charles), Conseiller Municipal, à Saint-Cyr	100
31.	AUBRY, Négociant, faubourg de Nantes, 14	100
32.	AUFFRAY, Café des Boulevards, boulevard de la Liberté	100
33.	AUBRY, Négociant en grains, rue de Brest, 75	200
34.	AUBRÉE, fils, rue Nantaise	100
35.	AUBINE, Mécanicien du télégraphe, rue du Pré-Botté, 22	100
36.	AUBRÉE, boulevard de la Liberté, 30	100
37.	AUFFRAY, Charcutier, rue de Rohan, 3	100

A reporter . . . . . 6.300 fr.

MM.	*Report*.	6,500 fr.
38. AUBERT, Café Central, place du Champ-Jacquet, 14		300
39. AUDIER, Charpentier, rue de la Santé, 15.		100
40. AUBRÉE, Libraire, rue de Brilhac, 1		100
41. BARRÉ, Négociant à Betton, Membre de la Chambre de commerce.		500
42. BASSELOT, Négociant en beurre, rue Malakoff		200
43. BADAULT, Maître Maçon, rue de Brest, 59		100
44. BALLARD, Tailleur, rue de la Visitation, 15		100
45. BARON, Café de la Comédie, Galeries Méret		1,000
46. BARBIER, Négociant, rue d'Estrées, 4.		200
47. BADIER DUCLOS, Secrét{re} du Conseil de Préfecture, r. des Dames, 4.		100
48. BAILLEUL, Propriétaire, passage du Bois-Rondel.		100
49. BALLY (G.), Rédacteur en chef du *Petit Rennais*.		100
50. BARBEDOR, carrefour Jouault, 15		100
51. BAILLARD, Boulanger, rue Saint-Hélier, 22		100
52. BARBIER, pont Saint-Martin		100
53. BASSET, Coiffeur, rue de Brilhac, 3.		100
54. BAUD, Plâtrier, rue d'Échange, 6		100
55. BAMAS, Pâtissier, place de la Gare		100
56. BARBIER, Café de la Sarthe, avenue de la Gare, 57		100
57. BARAISE et Cⁱᵉ, Imprimeur, place Saint-Michel, 7		100
58. BAUDAIS, Charpentier à Montfort		100
59. BARBEDET, avenue de la Gare, 29.		100
60. BAUDAIS, Négociant, rue de l'Horloge, 9		200
61. BARBOT, Marchand de bois à Noyal-sur-Vilaine		100
62. BALLÉ, Entrepreneur, boulevard Laënnec		100
63. BAUDOT (A.), Herboriste, rue du Champ-Jacquet, 7		100
64. BAUMR (Louis), Publiciste, rue Beaumanoir, 6		300
65. BAUMR (Gabriel), Publiciste, rue Beaumanoir, 6		100
66. BALZER-LARIVIÈRE, Négociant en vins, rue Saint-Louis.		100
67. BALZER-LARIVIÈRE (Mᵐᵉ), rue Saint-Louis		100
68. BALZER (Élise, Mˡˡᵉ), rue Saint-Louis		100
69. BALZER (Hélène, Mˡˡᵉ), rue Saint-Louis		100
70. BALZER (Marie, Mˡˡᵉ), rue Saint-Louis.		100
72. BARBELET, rue de la Halle aux Blés, 6		100
73. BERTHELOT, Ancien président du Conseil des Prud'hommes. . .		200
74. BERTRAND VICTOR (Mᵐᵉ), rue Sainte-Marie, 2		100
75. BÉRARD-PÉAN, Négociant, quai de Nemours, 9		1,000
76. BENOISTE, Directeur d'assurances, rue Châteaurenault		100
77. BIBIN, Conseiller Municipal, rue Thiers		200
78. BAUGÉ, Chef de dépôt à la Compagnie de l'Ouest		100
79. BERTEL (E.), Négociant mercier, boulevard de la Liberté, 9 . . .		200
80. BEAUCHEF, Épicier, rue Saint-Hélier, 83		100
81. BELIN (Mˡˡᵉ), rue de la Monnaie, 13.		100
82. BÉTIN, Négociant en tissus, rue Poullain-Duparc, 30.		100
83. BEAUFILS, frères, Négociants en grains, rue du Mail, 30.		100
84. BERTIN-BOUVET, Négociant en grains, rue de la Chalotais, 10. .		500
85. BEAUFILS, Ville de Lyon, rue Lafayette, 1		100
86. BEAUGRARD, Négociant, rue Saint-Michel, 19		100
	A reporter.	14,900 fr.

MM.	*Report.*	14,900 fr.
87. BEAUGEARD, Boulanger, rue de Paris, 17		100
88. BEUCHET, Cafetier, rue Lanjuinais, 9		100
89. BEDEL, rue de Viarmes, 1		400
90. BESNARD, rue de la Monnaie, 21		100
91. BESNARD (Mme), rue de la Monnaie, 21		100
92. BEDOUIN, Café du Commerce, rue de Bordeaux		100
93. BERTHELIER, Conseiller Municipal, boulevard Solférino, 3		100
94. BÉTIN, Mercier, rue Coëtquen		100
95. BERTHELOT, Tapissier, place Saint-Germain, 1		100
96. BERTRAND, Cafetier, place du Palais, 6		100
97. BERTHELOT, place Saint-Germain, 3		100
98. BESNARD (veuve E.), Maîtresse couvreur, rue Thiers, 11		100
99. BEZANÇON, Négociant, quai de l'Université		100
100. BÉNÉTRIX, place Saint-Michel, 2		100
101. BÉTIN (R), Négociant, rue Motte-Fablet		100
102. BÉTIN (J.), Négociant, rue Motte-Fablet		100
103. BELLAMY (Albert), Nég^t, Membre de la Chambre de commerce		300
104. BELLAMY, Négociant, rue du Manège		200
105. BERTHOIS, Directeur d'assurances, quai de Nemours, 1		100
106. BESSUAN, Débitant, rue Vasselot		100
107. BEAUFILS (Ch.), Nég^t, Président de la Chambre de commerce		1.000
108. BÉZIERS, Inspecteur primaire, rue Leperdit, 1		400
109. BESNARD, Négociant, rue Lanjuinais, 4		100
110. BELLAMY, Notaire à Guipry		200
111. BRILLOT, Café du Théâtre, rue de l'Hermine, 6		100
112. BINDA, Opticien, rue Nationale, 5		400
113. BINARD, Président du Tribunal de commerce		1.000
114. BIGOT, Minotier à Saint-Cyr		260
115. BILARD, jeune, Minotier, rue Saint-Hélier, 3 *bis*		200
116. BILARD, Conseiller d'arrondissement, à Cesson		100
117. BIENASSIS, Négociant, rue de la Monnaie		200
118. BIELLE-LETANG, rue Lafayette, 5		100
119. BILLETTE, Négociant, boulevard de la Liberté, 24		100
120. BLAYS, Maison veuve Jamet, Plombier, rue Rallier, 18		100
121. BIRAULT, Coupeur, Maison Tournier, rue Victor Hugo		100
122. BISSON, Hôtel Grand'Maison à Antrain		100
123. BLANDIN (Mme veuve), rue d'Orléans, 5		100
124. BLONDEAU, rue Saint-Georges, 10		100
125. BLAYN, Fabricant de gants, rue Victor Hugo		100
126. BLANCHARD, Cafetier, rue d'Orléans, 1		100
127. BLAIS, Serrurier, rue de la Visitation		100
129. BLANDEL (Mme veuve), rue des Carmes, 2		100
130. BLANDEL (Mlle), rue des Carmes, 2		100
131. BOULET, Marchand de chaussures, rue de Nemours		100
132. BOULAIRE, Garçon, Restaurant Gaze, rue Beaumanoir, 6		100
133. BOGUAIS, Chef de cuisine, Restaurant Gaze, rue Beaumanoir, 6		100
134. BOURREL, Hôtel de Paris, rue Vasselot, 14		100
135. BOURGEAIS, Hôtel du Petit-Billot, rue du Pré-Botté, 38		100
136. BOT, Café de la Poissonnerie, place de la Halle aux blés, 6		100

A reporter. . . . . . 22,900 fr.

MM.   *Report.* . . . . . 22,900 fr.

137. BOURGUIGNON, Sculpteur, rue de Nemours, 9 100
138. BODIN, Imprimeur, rue de Rohan, 2 100
139. BOSSARD, Tapissier, rue Bertrand, 7 100
140. BOULLET, Commandant des Pompiers, boulevard Sévigné, 31 . 100
141. BOULLAY, Hôtel de Bretagne, place de la Gare 100
142. BOUÉE, Café, rue Saint-Mélaine, 51 100
144. BOULLET, Chef d'Escadron au 1er d'Artil., q. de la Prévalaye, 13 . 100
145. BONNEL et neveu, Luthiers, fab. de pianos et instr. de cuivre . 500
146. BOUCHEROT, Pharmacien, rue aux Foulons, 11 100
147. BOUTON, Capitaine en retraite, rue Saint-Georges, 38 100
148. HAERTELMEYER, fils, Café de Brillac 100
149. BOUGEARD, Entrepreneur de voitures publiques à Châteaugiron . 100
150. BONNEAU, Administrateur du *Petit Rennais*, Halle aux Blés, 3 . 100
151. BONDIGUEL, Cafetier, boulevard Beaumont, 7 100
152. BOURASSEL-BALZAN, Négociant en vins, rue de Belair, 21 . . . 500
153. BOUGREAU, Café du Louvre, rue de la Monnaie 200
154. BOSSE (C.), Chef d'atelier à la fonderie Guy 100
155. BOSSARD, Bijoutier, rue Motte-Fablet, 6 100
156. BOUSQUET, Propriétaire, Mail-Donges 200
157. BOISBLUCHE, Directeur de l'usine Collin 100
158. BOURLANGE, Receveur de l'usine Collin, avenue Gros-Malhou . 100
159. BOUTINEAU, Entrepreneur, Port-Cahours, 61 100
160. BOUCHINOT, Négociant en vins, rue Saint-Louis 100
161. BOUGEARD (Mme), Débitante, rue de Rohan, 4 100
162. BOURGES, Débitant, rue de Nantes, 100 100
163. BOSSOREIL, Négociant brossier, boulevard Beaumont, 17 100
164. BOURDONNAY, Conseiller Municipal, rue de l'Horloge 100
165. BROSSAULT, Droguiste, rue aux Foulons 200
166. BRANCION (DE), Préfet d'Ille-et-Vilaine 1,000
167. BRISOU, Marchand de bois, rue Chicogné, 12 100
168. BRIAND (veuve), Épicerie, quai de Nemours 100
169. BRYHAIE-DESPORTES, Négociant, rue Chalais 300
170. BRIANTAIS, Maître couvreur, rue de Brest, 76 100
171. BRUNEL-TIRET, Négociant, quai de la Prévalaye, 39 500
172. BRIDEL, Pâtissier, rue Châteaurenault, 7 100
173. BRIAND, Négociant, quai Châteaubriand, 19 100
174. BROUARD (Mme), Modiste, rue de Clisson, 1 100
175. BRISOU, Fondeur, à Sérigné, près Liffré 100
176. BRIDEL, rue Volvire, 1 100
177. BRIAND, Menuisier, rue de Viarmes, 5 100
178. BRIANTAIS, Entrepreneur de menuiserie, boul. Duchesse-Anne, 74 . 100
179. BRUNEL, Épicier, place Sainte-Anne, 27 100
180. BRASSERIE GRUBER et Cie, à Kœnigshoffen (Alsace), Wurtz, repré-
       sentant à Rennes 1,000
181. BRACQ, Marchand de parapluies, rue de Toulouse, 7 100
182. BROSSAULT, Minotier à Vern 100
183. BROGI (Mme veuve) et fils, rue d'Antrain 200
184. BRICE René, Député, boulevard de la Liberté, 23 500
185. BUSSON (P.), Négociant, rue Nantaise, 4 100

A reporter. . . . . . 31,700 fr.

MM.	*Report.*	31,700 fr
186. BUAN et HERTAULT, Minotiers, faubourg de Redon, 7		200
187. BUIRETTE et sœurs, Maréchal, rue du Pré-Perché, 3		100
188. BUSSON, Bois du Nord, à Saint-Servan		500
189. CARY, Négociant, juge au Tribunal de com^{ce}, rue Nantaise, 14*bis*		500
190. CAHOUR, Négociant, avenue du Mail, 9		100
191. CATHELINEAU et Cie, Scierie mécanique, faubourg de Redon, 27.		500
192. CAILLAT, Peintre, rue Saint-Georges, 6		200
193. CARIMALA, aux Cent mille paletots, rue aux Foulons, 13		100
194. CAZO, frères, Fours à chaux, rue de Nantes, 6		500
195. CAVAROC, Horloger, quai d'Orléans, 17		100
196. CANOVA, Cantinier, à Kergus		100
197. CARRON, Député d'Ille-et-Vilaine, à Piré		1.000
198. CATEL, Imprimeur, *Journal de Rennes,* rue Leperdit, 2 *bis*		500
199. CAILLOT, Imprimeur, rue de Bourbon		500
200. CADOT, Entrepreneur de serrurerie, passage Belair		400
201. CASSE, Carrossier, boulevard Sébastopol		200
202. CARRÉ, rue Nationale, 5		100
203. CAUVIN, Fabricant de bâches, boulevard Magenta, 3		1.000
204. CANWET, Sous-chef de Dépôt à la Compagnie de l'Ouest		100
205. CATHALA, Sous-Préfet de Montfort		200
206. CADOR-GUILLET, Négociant, rue du Pré-Perché		200
207. CALMUS (Mme veuve), Café Châteaugiron, avenue de la Gare, 4		200
208. CAILLIÈRE, Libraire-éditeur, place du Palais, 2		200
209. CELERIER (Martial), Nég^t en vins, ancien juge au Tribunal de com^{ce}.		50
210. CERCLE RENNAIS, du Commerce et des Beaux-Arts		1.000
211. CHICANDARD, Propriétaire, quai Saint-Yves, 2		400
212. CHOUPEY, Restaurant, place du Palais, 5		200
213. CHAUVEAU, au Petit Saint-Thomas, rue aux Foulons, 4		200
214. CHATEAU, Hôtel de France, rue de la Monnaie		700
215. CHAPIN, fumiste, route de Redon		100
216. CHOLLEY, Adjoint au Maire, avenue de la Gare		100
217. CHOCHON, frères, Négociants en tissus, quai de l'Université		200
218. CHEVRIÉ, Docks de la chapellerie, rue de la Monnaie, 2		100
219. CHARUYER, Négociant, place du Palais, 3		100
220. CHOCHON (René), ancien Adjoint au Maire, quai de l'Université, 4.		100
221. CHAUVIN, rue Coëtquen, 3		200
222. CHARRAUD, Coiffeur, rue Bourbon, 3		200
223. CHAPIN, Négociant, place des Lices, 5		300
224. CHEVALLIER, Fabricant de parapluies, rue de Rohan, 6		200
225. CHAUVIN, Pharmacien, rue de Nemours, 5		100
226. CHARTIER, Hôtel du Pélican, rue du Pré-Perché		100
227. CHEVRIER, Propriétaire, boulevard de la Liberté, 56		100
228. CHABOT-TREMUSON, Fabricant de broderies, rue Thiers, 19		200
229. CHABBERT-PUGEOL, Arquebusier, rue aux Foulons		100
230. CHEVAUCHERIE, Vétérinaire, rue de la Visitation, 9		100
231. CHAUVIN (L.), Fondeur, canal Saint-Martin, 6		100
232. CHATELOT, Boucher, rue de Rohan, 5		100
233. CHAUVELOT, Agent d'assurances, canal Saint-Martin, 8		100
	A reporter.	44.800 fr.

MM. *Report.* . . . 44,800 fr.

234. CHENU DE MACREY, Marchand tailleur, rue Volvire 100
235. CHEVALLIER, père, Propriétaire, rue Nationale, 4 100
236. CHEVALLIER (Mlle), Libraire, rue Nationale, 4 100
237. CHEMIN, quai de Nemours, 13 100
238. CHASLE, Négociant, place de la Halle aux Blés, 20 100
239. CHESNEAUT, Chef d'atelier à la Compagnie de l'Ouest 100
240. CHEREL, rue Saint-Hélier, 32 100
241. CHEVALIER (J.). Cirier, faubourg de Brest 100
242. CHEVALLIER frères, Fabricants de chapeaux, rue du Pré-Perché. 400
243. CHAVE, Arquebusier, rue de Nemours, 6 200
244. CHOTARD, Débitant, faubourg de Paris, 20 100
245. CHAPELLE (E.), Négociant, quai d'Ille-et-Rance, 21 100
246. CHEVROLAIS, Avoué à la Cour, rue Coëtquen 100
247. CHAUVEL, Aubergiste, rue Rallier, 10 100
248. CHATEL, Professeur à la Faculté de droit, rue de Berlin, 1 . . . 100
250. CHARFE, Contre-maître du montage à la Compagnie de l'Ouest. 100
251. CHOUPAUT (G.), Fers et charbons, à Saint-Servan 100
252. CHOLET, rue Saint-Malo, 67 100
253. CHEVALLIER, rue Poullain-Duparc, 22. 100
254. CHEVILLON, Marchand de bois et charbons, rue du Chemin-Neuf. 100
255. CHEFTEL, Usinier à Vaugré, en Évran (Côtes-du-Nord) 100
256. CISSÉ, rue du Mail, 52. 100
257. CLÉMENT, Commissaire-priseur, place du Champ-Jacquet, 10 . 100
258. CLAUDON, Avoué à la Cour, avenue de la Gare, 2. 100
259. CLAUSS, Facteur d'orgues, rue de Châtillon, 21 *bis* 100
260. CLAPISTRON, Apprêteur de soies de porcs, quai d'Ille-et-Rance, 27. 100
261. CLÉMENT-NOGUES, Négociant, rue de Toulouse 100
262. COLLIN (L.), Confection Militaire, canal Saint-Martin 500
263. CORBEAU, Ferblantier, rue des Trente 200
264. COURTAULT, fils, Mécanicien, rue d'Isly, 14 300
265. COURTAULT, père, boulevard Magenta, 5 500
266. COIGNERAI, Fabricant de meubles, avenue de la Gare, 45 . . . 500
267. CONAN, Marchand de poissons, rue Chalais 400
268. COIRRE, Maire de Romazy 100
269. COUTARD, Serrurier, rue Saint-Yves. 100
270. COUTARD (Mme), rue Saint-Yves 100
271. COMPAGNIE DU GAZ, M. Kuentz, père, directeur 1.000
272. COLLIARD (Jules), Tapissier, rue de Montfort, 2. 300
273. CORMIER, Négociant en bois, quai Richemont 500
274. CORDONNIER, rue Saint-Malo, 8 200
275. COSSON (Victor), Négociant, rue Saint-Louis, 5 500
276. COLLEU, Maison Métraille (vins), rue d'Antrain, 7. 200
277. COLOMBEL, boulevard de la Tour-d'Auvergne, 22 100
278. COCAR, Avoué à la Cour, rue de Belair, 6. 100
279. COLOMBEL, Négociant en vins, rue de Châtillon, 23 100
280. COUÉE, rue Saint-Hélier, 72. 200
281. COMMARET, Cantinier au 7e d'Artillerie 100
282. COLLIN (Jules), Comptable (Usine Collin), rue Saint-Georges, 35. 100
283. COYAC, Fournitures d'horlogerie, rue de l'Horloge, 5 100

A reporter. . . . . 54,100 fr.

MM.	*Report.*	54.100 fr.
284. LE COUTURIER, Relieur, rue Lafayette, 6.		100
285. CŒURDRAY, rue Saint-Michel, 5.		100
286. COQUELIN, Menuisier, Mail-Donges		100
287. COLAS-MAZURIER, Restaurateur, quai Châteaubriant		100
288. COLLIN (Émile), Ferblantier, rue Saint-Melaine, 18		100
289. CROCQ, Débitant, ruelle de Châtillon, 31		200
290. CRÉPEL, Marchand de bois, rue de Beaumont.		200
291. CROYAL (Aristide), Représent^t de commerce, impasse Beaumont.		100
292. CREUSET, Pharmacien, rue du Chapitre, 1.		100
293. CROS (H.), Avocat, place Sainte-Anne, 27		100
294. DALIBARD, Avoué, rue de Toulouse		200
295. DAVID (Jules), Café de la Terrasse, boul. de la Tour-d'Auvergne.		100
296. DARIEL, Débitant, rue de l'Alma, 9		100
297. DAVALLON, rue Poullain-Duparc.		200
298. DAUDIN, Coiffeur, rue Volvire, 3.		100
299. DANION, Négociant en vins, rue de la Chalotais, 22.		100
300. DARRUS, Négociant en mercerie, boulevard de la Liberté, 27. .		100
301. DANZANVILLIERS, Horticulteur, faubourg de Redon..		100
301. DAVY, Cafetier, rue de Nemours, 10..		100
303. DANO (Jules), Chapelier, rue aux Foulons, 1.		100
304. DANIEL et fils, Négociants à Saint-Servan.		200
305. DANO, Facteur à la criée, rue de la Chalotais, 17..		200
306. DANDÉ-BARBIER, Ébéniste, rue Vasselot, 30.		100
307. DAUSSY, quai Saint-Yves, 10		100
308. DANDÉ-BARBIER (H.), Ébéniste, rue Vasselot, 30		400
309. DECALF, Épicerie parisienne, rue de Rohan, 1.		100
310. DALLIER, Débitant, rue de Châteaudun..		100
311. DAUTRY et CHATEL, Négociants à la Chaussairie		100
312. DAUTRY, de la Maison Dautry et Chatel, à la Chaussairie . . .		100
313. DANO (Émile), Négociant, rue du Carthage, 6..		200
314. DABAS, Chapelier, rue Rallier, 20		100
315. DANDÉ, Médecin à Melesse		100
316. DARIEL (Mme), rue de l'Alma.		100
317. DELALANDE, frères, Manufacturiers, rue Saint-Georges, 34 . . .		500
318. DEMOGÉ (Mme veuve), Bazar Parisien, rue Rallier, 7.		1.000
319. DERIAUX-JANKIN (Mme V^e), Fabricant de chaussures à Saint-Cyr.		300
320. DENIS, Marchand de bois, rue des Chantiers du Mail, 30.. . . .		100
321. DELAUNAY, Pharmacien, ancien juge au Tribunal de commerce.		300
322. DESBOIS, Charcutier, rue de Nemours, 16..		300
323. DELAGRÉE, Plâtrier, boulevard Sébastopol, 12.		100
324. DEMAURE, à la Trompette, place de la Halle aux Blés, 7.. . . .		100
325. DECOUX, Bottier, rue du Champ de Mars..		100
326. DEMEURÉ, place Sainte-Anne, 9		100
327. DEMAY, Bureau de tabac, rue Saint-Michel, 2.		100
328. DELAMARE, Cafetier, rue d'Antrain, 10		200
329. DENIS (Ulysse), contre-maître chez M. Kervella, rue du Lycée, 1.		100
330. Denis, quai d'Orléans, 7.		100
331. DELANOË, Négociant en beurre à Bourg-des-Comptes.		100

A reporter. . . . . . 62.100 fr.

MM.   *Report* . . . . . 62,100 fr.

332. DESIARD, Charpentier, prairie Villeneuve. 200
333. DESSAUDRE, Boulanger, rue de l'Alma, 5. 100
334. DELAHAYE, Commerçant, rue Saint-Malo, 144 100
335. DELAPORTE, Cafetier, rue Saint-François, 12 200
336. DESHAYE, rue Saint-Georges, 12. 100
337. DESBOIS (Pierre), Propriétaire, rue Saint-Georges, 8 100
338. DESBOIS (Jean-Marie), rue Saint-Georges, 8. 100
339. DEMAZEL, rue Tronjolly, 11 100
340. DENIS, Restaurateur, boulevard de la Liberté, 17. 200
341. DELALANDE, Cafetier, boulevard de la Liberté, 13. 100
342. DESSAUDRE (Mme veuve), Bouchère, rue de l'Alma, 5.. 100
343. DERQUÉ, Boucher, rue Motte-Fablet, 6 200
344. DELAPLANCHE, père, Peintre, rue Bertrand, 7.. 100
345. DEMONCLER (Mme), rue Nationale, 2.. 100
346. DEBORRE, Chapelier, rue Coëtquen, 2 100
347. DENNIEL, Chef de bureau à la Préfecture, portes Mordelaises, 12. 100
348. DERQUÉ, Boucher à Liffré.. 100
349. DELBREUVE (Ch.), Café de France, rue de la Monnaie 100
350. DELLINDE (Mme), avenue de la Gare, 55 100
351. DELALANDE, Préposé en chef de l'Octroi, rue du Manège.. . . 100
352. DECOMBE, Vice-Président de l'Exposition des Beaux-Arts . . . 100
353. DELAHAYE, Maître couvreur, rue d'Antrain, 31 200
354. DERRIEN, Menuisier, rue Thiers, 11 200
355. DELISLE (Jules), quai d'Ille-et-Rance, 7.. 100
356. DELAMARE, Débitant, rue Vasselot, 46 100
357. DESSELOT, Fabricant de gants, rue d'Estrées, 2. 100
358. DES GRÉES DU LOU, rue de Châteaudun, 16. 100
359. DELAUNAY, 38, boulevard de la Duchesse-Anne. 100
360. DERENNES, Peintre, rue du Champ de Mars, 5 100
361. DE CAZE, à Cesson 100
362. DIDIER, Directeur de Banque, rue de Toulouse, 1. 100
363. DIGUET, Cafetier, avenue de la Gare 100
364. DORET et PAITEL, Fours à chaux de Lormandière, bd de la Liberté. 500
365. DORET (Francis), Négociant tanneur, ruelle Saint-Martin, 9 . . 200
366. DONDEL, Restaurateur, rue Nantaise, 37. 200
367. DORDOR, 2, rue du Champ de Mars 200
368. DOLIVET, Mercier, rue de la Halle aux Blés, 10. 200
369. DOAZAN, Fabt de chaussures.. 100
370. DROUIN, Grand Café, rue de la Monnaie 100
371. DROUDUN, Boucher, rue Chicogné, 19.. 200
372. DUPIL, fils, place des Lices, 3. 100
373. DUPONT, Hôtel de la Providence, rue Chicogné, 17.. 200
374. DURAND, Menuisier, rue du Manège, 8 100
375. DUVAL, Ouvrier en métaux, à la Ville-en-Bois.. 100
376. DUMAIL, Négociant, rue de Toulouse, 3.. 300
377. DUMAIL (Mme), rue de Toulouse 200
378. DUHART, Hôtel de Brest, avenue de la Gare 100
378 *bis*. DUHART, Hôtel de Brest, avenue de la Gare. 200
379. DUVAL (A.), rue de Vincennes, 12.. 500

A reporter . . . . . 69,400 fr.

MM.   *Report.* . . . . . 63,400 fr.

380. DUFAUT, Chapellerie de l'Ouest, rue de Nemours, 1 100
381. DUBARLE, Négociant en vins, rue d'Argentré, 6 100
382. DUPUY-CHENARD, Négociant en grains, rue du Mail, 14 100
383. DUBEL, Fabricant de pianos, place du Palais, 10 300
384. DUROCHER, Négociant, rue Rallier, 38 200
385. DUTHOO, Marchand de fleurs, quai d'Orléans, 7 100
386. DURAND, Peintre, rue de Brest, 45 100
387. DUBOUT (Léon), rue d'Argentré, 6 100
388. DUBOIS, Libraire papetier, place du Palais, 7 200
389. DUSSAUSSAY, Ferblantier, rue aux Foulons, 26 200
390. DUBOIS, Fumiste, Vau Saint-Germain, 8 100
391. DUBOSQ, Propriétaire, rue de la Palestine 1,000
392. DUGUÉ, Bureau de tabac, rue aux Foulons, 20 100
393. DUPERRAY, Entrepreneur, rue Thiers, 15 100
394. DUPUY, Hôtel des Voyageurs, avenue de la Gare, 20 300
395. DUMONT, Inspecteur aux ateliers de la Compagnie de l'Ouest . 100
396. DUMANS, Contre-maître chaudronnier à la gare 100
397. DUCHESNE, Boucher, rue Vasselot, 8 200
398. DUTERTRE (F.), rue de Nemours, 4 100
399. DUGUÉ, Marchand tripier, faubourg de Redon, au Chêne-Rond . 200
400. DUFEY, Ébéniste, rue du Pré-Botté, 16 100
401. DUGLUÉ, rue de la Monnaie, 1 100

402. ELIE, Fabricant de cidre, rue de l'Alma, 26 300
403. ELOY (Ch.), Ingénieur, directeur de la mine de Pontpéan . . . 200
404. EON, Marchand de gâteaux, rue de la Chalotais 100
405. ERUSSARD, Boucher, rue d'Orléans, 4 100
406. ERUSSARD (Mme), Bouchère, rue d'Orléans, 4 100
407. ERAMBOURG, au Salon Bordelais, rue Victor Hugo, 9 100
408. ESPINASSE, Bazar de la Poissonnerie, rue de Nemours, 14 . . . 100
409. ESNAULT, Chapelier, rue Lafayette, 3 100
410. ESCANDE (Paul), place Saint-Michel, 5 100
411. EVEN (Henri), Garçon au Café Glacier 100
412. EVEN, rue Saint-Georges, 11 100

413. FABLET, Quincaillier, rue aux Foulons, 12 100
414. FAUCHON, Marchand de primeurs, rue aux Foulons, 18 200
415. FAURE, avenue de la Gare, 2 100
416. FAUCHET (Eugène), Négociant à Saint-Brice-en-Coglès 200
417. FAUVEL (Henri), Négociant, rue de la Monnaie, 2 200
418. FAUVEL (Félix), Négociant, rue de la Monnaie, 9 100
419. FABLET, Officier au 41e de Ligne 100
420. FAGRIS, Grillageur, rue Rallier, 14 100
421. FAGRIS (Mme), Grillageur, rue Rallier, 14 100
423. FELIOT (Louis), Horloger, rue de Nemours, 1 100
424. FRDRY et Cie, Cordonnerie Centrale, quai d'Orléans 300
425. FERRON, Blanchisseur de cire, rue de la Visitation, 17 100
426. FEUVRY, rue Saint-Malo, 34 100
427. FEUTRLAIS, Chaisier, rue du Chapitre, 19 100

A reporter. . . . . . 76,900 fr.

MM.   *Report* . . . . . 76,900 fr.

428. FEUTRELAIS (F.), Ébéniste, rue de Nantes, 30 100
429. FERCHAUX, fils, Ébéniste, rue Vasselot, 24 100
430. FERCHAUX, Fabricant de meubles, rue de la Halle aux Blés, 6 . 100
431. FICQUEMONT, Entrepreneur, rue de Châteaudun, 16 100
432. FICHARD, Menuisier, rue du Mail, 10 100
433. FLEURY, Avoué, rue de la Chalotais, 18 100
434. FLOT, aîné, Boulanger, avenue de la Gare, 22 100
435. FOUGERAY, Libraire, rue aux Foulons, 19 400
436. FOUCHARD aîné, Mail-Donges, 5 200
437. FOUÉRÉ, Tanneur, rue Saint-Hélier, 5 200
438. FOURREL, Plâtrier, président du Conseil des Prud'hommes 200
439. FOLLOT (Mᵉ veuve), Marbrier, rue Bertrand, 12 100
440. Fourel, Hôtel, rue du Lycée, 14 100
441. FONTENEAU (E.), Négociant à Combourg 100
442. FOUCHÉ, Cafetier, rue de la Chalotais, 26 100
443. FORGERAIS, quai de l'Université, 2 100
444. FORGERAIS (Mᵉ P.), quai de l'Université, 2 100
445. FOURNEL, rue de Viarmes 100
446. FRIÉSÉ, Fabricant de meubles, rue Victor Hugo, 4 500
447. FRESNEL, de la Maison Métraille, camionneur 100
448. FROGERAIS, Maire de Saint-Armel 100
449. FRESNAIS, Boucher, rue d'Orléans, 1 500
450. FROGERAIS, Cafetier, place de la Halle aux Blés, 17 100
451. FROHARD, Propriétaire, rue de Châtillon 100
452. FRUVA (Marie), Directeur d'assurances, rue Volvire, 3 100
453. FROHARD, Charpentier, faubourg de Nantes, 16 100
454. FRALEU (Mᵉ veuve), Ferblantier, rue Chalais, 4 100

455. GAUTIER, rue du Mail, 14 300
456. GALPIN, Marchand de nouveautés, rue Victor Hugo, 2 200
457. GAUVIN, Fabricant de faïences, rue Basse, 15 100
458. GAZE, Restaurateur, rue Beaumanoir, 6 500
459. GAIRAL, Boulanger, rue Pont-de-Toussaints 100
460. GASNIER, Représentant de commerce, champ de Beaumont . . 100
461. GARNIER, Marchand de tissus, rue Coëtquen, 8 100
462. GARREAU, Négociant, rue Coëtquen, 2 200
463. GAUDICHON, Tailleur, quai de l'Université, 8 100
464. GANDON, boulevard de la Tour d'Auvergne, 4 200
465. GAUDICHE, Négociant à Châteaugiron 200
466. GAUCHARD, Peintre, rue de la Poulaillerie, 18 200
467. GAUDIN, rue Saint-Georges, 1 100
468. GAUTIER, Café de Strasbourg, rue de Montfort, 1 100
469. GAUTIER, Marchand de chaussures, rue aux Foulons, 17 100
470. GAVARD, Marchand de bois, rue Duhamel 100
471. GAUTIER (Pierre-Marie, Cultivateur à la Herpe, en Saint-Étienne . 200
472. GAUMERAIS, Sculpteur, rue de Paris, 2 100
473. GAUDIN, Hôtel des Trois Maures, rue Basse, 1 100
474. GAREL, Loueur de voitures, place du Calvaire 400
475. GAUTIER, rue Volvire, 5 100

           A reporter . . . . . 84,600 fr.

MM.	*Report*.	84,000 fr.

476. GARÇON, Horloger, rue de Toulouse, 10 200
477. GANDON, Boucher à Liffré. 100
478. GALLAIS, à l'usine à gaz. 100
479. GAVARD, Libraire, rue du Champ de Mars 100
480. Anonyme 100
481. GAIGNET, fils (Henri), Négociant, rue Châteaurenault, 4 100
482. GEFFRAULT, rue Saint-Hélier, 14 100
483. GERVAIS, Pâtissier, avenue de la Gare, 16. 200
484. GÉRARD (F.), Chapelier, rue aux Foulons 100
485. GESLOT, Mercier, rue aux Foulons, 5 200
486. GHIS, Gazier, rue de la Chalotais, 31 100
487. GEFFROY, rue Poullain-Duparc, 12. 100
488. GICQUEL, Banquier, ancien Président du Tribunal de commerce. 1.000
489. GIRANDIÈRE (Mme veuve), Fab^te de faïences, rue d'Antrain, 39 . 200
490. GICQUELAIS, Négociant en grains, rue du Manège, 5 200
491. GIROT, Peintre, rue de la Visitation, 16. 100
492. GITTON, Juge de paix à Saint-Brice-en-Coglès 100
493. GILLES, Bijoutier, quai d'Orléans 200
494. GIFFARD, Tailleur, rue de la Halle aux Blés. 100
495. GILLET aîné, Couvreur, rue du Chemin-Neuf 100
496. GILLET, fils, Couvreur, rue du Chemin-Neuf 100
497. GIRARD, Directeur de la Mutuelle du Mans, faub. de Fougères, 32. 100
498. GILLOUAYE, Libraire, rue de la Monnaie, 6 100
499. GIRARD (Sévère), faubourg de Fougères, 32 100
500. GOSSELIN, Juge au Tribunal de commerce, quai de Nemours, 21. 500
501. GODARD (Louis), Négociant, quai Châteaubriant, 17. 500
502. GODARD (Georges), Négociant, quai Châteaubriant, 17 500
503. GODET, Propriétaire, rue Chicogné, 19. 200
504. GODARD, Négociant en bois. 500
505. GOSME, rue de Rohan, 2. 100
506. GAUVIN, rue d'Estrées, 1. 100
507. GOURDIN, rue d'Isly, 2.. 100
508. GODARD, ancien Négociant, quai Châteaubriant, 17. 100
509. GODES (Mmes), Hôtel du Bout du Monde, place des Lices 100
510. GOUGEON, Cafetier, rue Saint-Michel, 10 100
511. GORTAIS (Mme veuve), Papiers peints, rue de l'Horloge, 3 200
512. GOUIN, Hôtel des Trois-Marchands, rue de Nantes, 1. 100
513. GODIN, Mécanicien, rue de la Visitation, 38. 100
514. GOUIN, Cafetier, rue Lanjuinais, 14 100
515. GOUZY, Chef d'atelier, usine Collin, rue Basse, 49. 100
516. GOURSAULT, Employé chez Garel, place du Calvaire.. 100
517. GOUGEON, Menuisier, rue Saint-Hélier, 83. 200
518. GOUIN, rue de l'École de Médecine 100
519. GORIEUX, Horticulteur, boulevard du Colombier, 9.. 100
520. GRIMAULT, Membre de la Chambre de com^ce, rue du Pré-Botté, 36. 100
521. GRENIER, Masseur, boulevard de la Liberté, 54 100
522. GROHEU, Fabricant de cidre, rue Thiers, 9 200
523. GRIVOIS, Grand-Hôtel, rue de la Monnaie, 17 500
524. GRUPE, Négociant, rue de Toulouse, 5 500

A reporter. . . . . 93,800 fr.

MM.	*Report*	93.800 fr.
525. GROUGÉ, Négociant, quai Châteaubriant, 11		200
526. GROSSET, Restaurateur, rue Poullain-Duparc, 7.		100
527. GRAVELOT, Photographe, esplanade du Champ de Mars		100
528. GRÉGOIRE (E.), Maison A. Vielle, avenue de la Gare		100
529. GROSSET, Marchand de grains, rue Vasselot, 25		100
530. GRAPTIN, Buraliste, rue Vasselot, 32		100
531. GRASLAND, rue Basse, 5 *bis*		100
532. GRENIER, Constructeur, avenue du Mail, 64		500
533. GREFFIER (veuve), rue du Pré-Botté, 24		200
534. GRANVALLET, Tailleur, rue de Berlin, 6		100
535. GUILLOT (Jules), à Château-Gontier		100
536. GUY, Fondeur, Conseiller Municipal, rue des Trente, 1		1.000
537. GUYOT, Ferblantier, boulevard Sébastopol, 10		500
538. GUILLEUX (Mme veuve), Doreur, rue d'Estrées, 5		100
539. GUILLAUME (Wilfrid), Architecte, rue d'Argentré, 6		200
540. GUILBERT, place du Palais, 10		100
541. GUYOT, Cafetier, rue Saint-Yves, 1		100
542. GUÉRIN, Négociant, rue Coëtquen, 6		100
543. GUÉZILLE, Propriétaire, rue de la Cochardière, 7		100
544. GUY-CHAUMONT, Négociant, rue de Toulouse, 2		100
545. GUÉRIN, boulevard du Colombier, 4		200
546. GUILLOUËT, Négociant en beurre, conseiller municipal		200
547. GUITTON, Constructeur-Mécanicien, Mail-Donges		300
548. GUIMONT, place de Bretagne, 6		200
549. GUERRY, Cafetier, place de Bretagne, 1		100
550. GUILLET, Boulonnier, rue de l'Embarcadère		200
551. GUÉRIN, Entrepreneur à Ercé-près-Liffré		100
552. GUILLOUX, place de la Halle aux Blés, 21		100
553. GUILLOUX (veuve), rue Châteaurenault, 1		100
554. GUILLARD, Épicier, rue Bourbon		200
555. GUILLARD, Représentant de commerce, rue Legraverend, 51 . .		100
556. GUILLOUX (Paul), rue Nationale, 4		100
557. GUIMARD, Serrurier, rue de Nantes, 8		100
558. GUILLET (Charles), Empl. des Ponts et Chaussées, r. d'Antrain, 26.		100
559. GUÉRIN, Loueur de voitures, rue du Mail, 6		100
560. GUYON, Restaurateur, place Sainte-Anne		100
561. GUÉGUEN et Cie, Scierie mécanique, à Saint-Malo, au Tallard .		100
562. HARDY, père, Membre de la Ch. de comce, q. de la Prévalaye, 15.		200
563. HASLÉ, Bourrelier, rue du Champ de Mars		100
564. HAMON, Camionneur, rue Saint-Yves, 3		100
565. HAMON (Mme veuve), Revendeuse, rue de la Visitation, 12 . . .		100
566. HARDY (Alfred), Négociant, quai de la Prévalaye, 15		200
567. HARDY (Hippolyte), Négociant, quai de la Prévalaye, 15		200
568. HAMON, Docteur-Médecin, galeries Méret		100
569. HAMARD, Avocat, rue Beaudrairie, 2		100
570. HAMARD, Pharmacien, rue de la Monnaie, 10		100
571. HAUDOUIN, rue Rallier, 34		100
572. HARAND, Débitant, rue Toullier, 3		100

A reporter . . . . 101.600 fr.

MM.	Report.	101,600 fr.
573. HERSENT-COIRRE (Mme), quai de Nemours, 5		200
574. HÉBERT, père, Charpentier, faubourg de Redon, 34.		100
575. HERFROY (veuve), Négociant en vins, rue de Nemours, 4. . . .		400
576. HERVÉ, Chemisier, rue de Berlin, 1		200
577. HERMANGE, Contre-maître tapissier, boulevard Beaumont, 23 .		200
578. HUET, Tourneur, rue Gerbier, 8.		100
579. HENRY, Restaurateur, rue d'Isly, 12.		100
580. HENAULT (J.), rue Chasse-Marée, 23, à Rouen.		500
581. HERBERT, avenue de la Gare, 43		100
582. HÉBERT (Jules), Charpentier, faubourg de Redon, 34.		100
583. HERBAULT, Voyageur, Maison veuve Laisné et fils.		100
584. HETZMANN (L. C.), Instituteur, rue d'Échange		100
585. HERVÉOU, Docteur, rue du Pré-Botté, 14.		100
586. HÉMON, place de la Trinité, 1.		100
587. HESTAU, Agriculteur expert, canal Saint-Martin, 10.		400
588. HERVÉ, Libraire, rue Motte-Fablet.		200
589. HÉMON (Mme), place de la Trinité, 1.		100
590. HIROU, Fabricant de chaises, rue de la Monnaie, 22		100
591. HISTA, Chemisier, place du Palais, 1.		200
592. HILLION, jeune, Chaussures, 19, rue de la Parcheminerie . . .		200
593. HOVIUS (Auguste), Armateur à Saint-Malo.		500
594. HORAND, Menuisier, portes Mordelaises, 9		100
595. HONORÉ, boulevard de la Tour d'Auvergne, 22.		100
596. HOSTIÉ, boulevard Magenta, 3.		100
597. HŒFFLINGER (Mme), Coiffeur, rue Chalais, 4.		100
598. HOUALET, rue de la Parcheminerie, 4.		100
599. HOUÉDRY et fils et MORICE, rue Motte-Fablet, 3		300
600. HOGREL, Entrepreneur, boulevard de la Liberté, 24.		500
601. HUBERT, Cafetier, rue de la Chalotais, 5.		200
602. HUS, Boulanger, rue aux Foulons, 8.		100
603. HUCHET, rue du Chapitre, 21.		100
604. HUMBERT (Mme), Libraire, rue d'Estrées, 2		100
605. HUCHET (L.), Serrurier, rue de la Parcheminerie, 10.		100
606. HUBERT, Cafetier, rue Tronjolly, 15.		200
607. HUBERT, Charpentier, Mail-Donges, 75.		100
608. HUBERT, Cidre en gros, rue Salle-Verte		200
609. HUBERT (veuve), rue de Viarmes, 3.		100
610. HUGEDÉ, rue de l'École de Médecine, 2.		100
611. HUE, Commissionnaire à Bréal-sous-Montfort		100
612. IMPRIMERIE DU COMMERCE, place de la Halle aux Blés, 3. . . .		500
613. IMPRIMERIE RENNAISE, rue Bourbon		1.000
614. IZARD (Mme veuve), quai d'Ille-et-Rance, 7		100
615. JARDIN, Tailleur, rue de Berlin, 2.		200
616. JACOMETTY, Confiseur, rue d'Orléans, 4.		200
617. JANVIER aîné, Plâtrier, Mail-Donges, 61.		100
618. JAMEUX, Cafetier, rue Chicogné, 23.		500
619. JACQUET, rue Saint-François, 12.		100

A reporter. . . . . . 110,700 fr.

MM.   *Report.* . . . . 110,700 fr.

620. JACQUART (Élie), Halle du Bon Marché, place de Bretagne. . .   300
621. JARRY, Café Rennais, boulevard Beaumont. 3   100
622. JAMET, faubourg de Redon, 8.   100
623. JAMBU, Cafetier, rue de la Chalotais, 10   100
624. JAMET (F.), Menuisier. rue Saint-Melaine. 32   100
625. JAMOAYS, Dépensier au Lycée   100
626. JAMET (Mⁿ veuve), Ferblantier, rue Rallier, 18.   100
627. JANVIER, Plâtrier, rue de Nemours.   100
628. JEANROY, Pâtissier, rue Châteaurenault, 3.   100
631. JEUSSET, Charpentier-marchandeur, rue Saint-Louis. 3   100
632. JOUIN (Ph., Banquier. rue Victor Hugo   1,000
633. JOUIN. père, ancien banquier, Administrateur délégué de la
      Banque de France, rue Victor Hugo   500
634. JOLLIVET, Minotier, à Pont-Réan.   100
635. JOUANIN, Carrossier, place du Palais. 2   200
636. JOLY, Boulanger, rue de Brest   100
637. JOUBREL (M₀₀), Voitures publiques, rue de la Monnaie, 6. . . .   300
638. JOUBREL, fils, Voitures publiques, rue de la Monnaie, 6   200
639. JOBBÉ-DUVAL, Peintre-décorateur, doreur. rue Victor Hugo . .   200
640. JOUAN, Chef d'atelier à l'usine Collin   100
641. JOUAN, Descente de Bécherel, rue d'Antrain, 4.   100
642. JOBERT, rue du Mail, 11.   100
643. JOLLIVEL, Épicier, rue Châteaurenault, 3.   100
644. JUGUET (J., Comptable à l'usine Collin, rue de Brest, 47   100
645. JUGUET (P.), Comptable à l'usine Collin, canal Saint-Martin. 26 .   100
646. JUMEL (Mⁿ veuve), Marchande de poissons, rue de Rohan. . .   100
647. JULLIOT. Représentant de commerce, rue Saint-Michel. 23. . .   200

648. KERVELLA, fils, rue de l'Abattoir, au Mans (Sarthe)   100
649. KERVELLA, père, Entrepreneur des fêtes publiques.   500
650. KUBLER, rue Richard-Lenoir, 28.   100
651. KUENTZ, fils, Ingénieur des Arts et Manufactures   200

652. LANSEZEUR. père, Horticulteur, 6, rue d'Inkermann   100
653. LANSEZEUR, fils, Horticulteur, 6, rue d'Inkermann.   100
654. LAGAÈSSE-COTTIN, rue de Nemours. 10.   100
655. LAJATTE, Négociant en grains, rue du Mail, 21.   200
656. LABBÉ, rue Saint-Georges, 29.   100
657. LAIR, Négociant, rue de Brest, 5   200
658. LAIGRE, comptable, place des Lices   100
659. LANGEVIN et BREDIF, Négociants, place des Lices, 28.   500
660. LAHUTTE, Fabricant de chaussures, rue de la Monnaie. 11. . .   100
661. LAVERGNE. Adjoint au Maire, place Tronjolly   300
662. LARCHER, Boulanger, rue de la Parcheminerie, 30   200
663. LASNIER (Victor), quai Saint-Cast, 2   100
664. LAHAYE, rue de Brest, 43.   100
665. LAFOND, Négociant, rue aux Foulons.   200
666. LANGLAIS. place du Palais, 3   100
667. LAPRIE (T.), Entrepreneur de Travaux publics. rue de Nemours.   100

                                            A reporter. . . . . . 118,900 fr.

MM.	*Report.*	118,900 fr.
668. LAURENT (Mme veuve), Cafetière, rue Bourbon		200
670. LAMOUROUX, Marchand-tailleur, rue Bertrand, 2.		100
671. LAMBERT, faubourg de Paris, 4.		200
672. LALOI, Architecte du département, rue de Viarmes, 20		200
673. LANOS, rue Vasselot, 4		100
674. LACR, Sous-chef de dépôt à la Compagnie de l'Ouest.		100
675. LARGILLIER, Contre-maître des Forges de la Compag. de l'Ouest.		100
676. LAUMAILLER, Propriétaire, boulevard de la Liberté, 11.		200
677. LAMARRE, Chapelier, rue Rallier, 34		100
678. LAPERCHE (P.), Négociant, rue de Montfort, 5		100
679. LAISNÉ (Mme veuve, née Boulet, Institutrice, r. du Carthage, 1.		100
680. LAISNÉ (Mme veuve) et fils, Négociants, carrefour Jouault . . .		100
681. LARDON, rue Doublet.		100
682. LASBLEZ, Chef de gare des marchandises.		200
683. LAMBALLAIS, Tanneur, Conseiller Municipal, r. Saint-Hélier, 25.		100
684. LANGEVIN, rue Chalais, 7.		100
685. LANGEVIN, Cordonnier, rue Vasselot, 2.		100
687. LABAN, rue Lanjuinais, 3		100
688. LAMBERT, rue d'Estrées, 6		100
689. LEMICHELET, Boulanger, quai de Nemours, 3.		400
690. LEMOINE, Maître d'hôtel, quai de Nemours, 17		300
691. LEFONDRÉ, Hôtel du Commerce, rue de Bordeaux		400
692. LE BRET, Représentant du Crédit Foncier, r. de la Monnaie, 13.		100
693. LEGENDRE, Tailleur, rue d'Estrées, 1.		200
694. LE BASTARD, Sénateur, Maire de Rennes, ruelle Saint-Martin.		1,000
695. LEPINAY (Pierre, Gérant de la tannerie Le Bastard		200
696. LEMOINE, Ingénieur-mécanicien, canal Saint-Martin.		100
697. LEGUESDRON, Rentier, rue du Mail, 4.		100
698. LENOIR, Boulanger, rue Chicogné, 19.		200
699. LELIÈVRE, Café du Pont-Neuf, quai Saint-Yves, 28.		200
701. LEMOINE-GUESDON, Négociant, rue du Pré-Botté, 14		400
702. Anonyme.		200
703. LE ROY, Imprimeur, rue des Carmes, 6.		200
704. LEGRAND, Négt. juge au Trib. du comce. r. du Pré-Botté, 12. .		100
705. LEVREL, Négociant en grains, rue de Viarmes, 2.		400
706. LECOQ, Négociant en grains, rue d'Antrain, 50.		300
707. LEMARCHAND, Boucher, rue Vau Saint-Germain		100
708. LELIÈVRE, Limonadier, galeries Méret		500
709. LEBRETON, Bourrelier, rue Tronjolly, 15		200
710. LEGENDRE, Café Glacier, galeries Méret.		1,000
711. LE SAUCE (Joseph, Garçon au Café Glacier		100
712. LEPAGE, Peintre, rue de la Monnaie, 13		100
713. LERENDU, Tailleur, rue Victor Hugo, 1.		100
714. LE TACONNOUX, Représentant de commerce, r. Saint-Michel, 23.		100
715. LAISNÉ, Propriétaire, avenue de la Gare, 43		100
716. LEHAGRE, fils, rue de Paris, 38.		100
717. LE BRET, Membre de la Chambre de comce. r. Châteaurenault, 6.		100
718. LEMONNIER-MARUELLE, Négociant, place des Lices, 3.		500
719. LE LOUREC, Entrepreneur de déménagements, r. de Rohan, 2.		500

A reporter. . . . . 129,800 fr.

MM.	Report.	129,800 fr.
720. LEDEUX (F.., rue du Pré-Botté	720 .	100
721. LEHAGRE, rue Saint-Hélier, 7.	721 .	100
722. LEROC, rue Legraverend, 51	722 .	100
723. LE HÉRISSÉ, Député d'Ille-et-Vilaine.	723 .	300
724. LECOMTE, Horloger, rue de Bourbon, 1.	724 .	100
725. HAERTELMEYER, père, Café de Brilhac, rue de Brilhac . . .	725 .	200
726. LECOURT, rue du Champ de Mars, 5	726 .	100
727. LELIÈVRE, Cafetier, place du Champ-Jacquet, 10.	727 .	100
728. LES OUVRIERS ET OUVRIÈRES de l'Imprimerie Rennaise . . .	728 .	100
729. LECHARTIER, Avocat, rue de la Palestine.	729 .	100
730. LESAGE, père, rue d'Isly	730 .	300
731. LEMICHEL (Mme veuve, rue Nantaise, 18	731 .	100
732. LEDEUX, rue Saint-Malo, 81	732 .	100
733. LELIÈVRE, Couvreur, rue Saint-Melaine, 61.	733 .	100
734. LEMARCHAND, Bijoutier, galeries Méret, 12	734 .	200
735. LEBRETON, Représentant de commerce, rue de l'Alma . . .	735 .	200
736. LEGENDRE, Employé de commerce, rue Descartes, 9	736 .	100
737. LEFEUVRE, Marchand-boucher à Betton	737 .	100
738. LEFEUVRE, Boucher à Cesson, aux Gaudinais	738 .	100
739. LETERTRE, Mécanicien, canal Saint-Martin, 6.	739 .	100
740. LEQUERTIER, faubourg Saint-Hélier, 34.	740 .	100
741. LEMOINE (Mme veuve), Cafetière, avenue de la Gare, 49. . .	741 .	100
742. LEPAGE (G.), rue Tronjolly, 13	742 .	100
743. LELIÈVRE (Mme), Café du Pont-Neuf, quai Saint-Yves. . .	743 .	100
744. LENOIR (Ch.), Directeur de l'École des Beaux-Arts, r. Chalais, 1.		100
745. LEBRETON, Négociant en tissus, rue de l'Horloge, 3 . . .	745 .	100
746. LEMAINAIS (Gustave), Négociant, rue Chicogné, 10 . . .	746 .	100
747. LECOQ, Négociant, rue de l'Horloge, 1	747 .	100
748. LECOMTE, Propriétaire, quai Richemont, 14.	748 .	100
749. LECOMTE (Mme), Propriétaire, quai Richemont, 14. . . .	749 .	100
750. LÉON MONDIN, rue de Toulouse, 1	750 .	100
751. LEMONNIER (Th.), Étudiant en pharmacie, pl. Sainte-Anne, 27.		100
752. LEMAINAIS (Lucien), Négociant, rue de l'Arsenal, 6. . . .	752 .	100
753. LEPINARD, Bijoutier, rue de la Monnaie, 1	753 .	100
755. LE BAIL (J.), Corderie de Marville, à Saint-Malo	755 .	100
756. LECOINTRE, quai Saint-Yves, 26	756 .	100
757. LEVANNIER, rue Saint-Malo, 22	757 .	200
758. LEPONTOIS, boulevard Magenta, 7	758 .	100
759. LEFEUVRE, Marchand de faïences, quai Saint-Yves, 2 . . .	759 .	200
760. LETORT, Menuisier, faubourg Saint-Hélier, 9.	760 .	100
761. LEHAGRE, Fabricant de cidre et fromage, rue Sainte-Marie . .	761 .	100
762. LENÉE (Mme veuve), Bouchère, rue de la Chalotais	762 .	200
763. LEDEUX (Jean), Négociant, rue du Pré-Botté, 12	763 .	200
764. LEGAULT, Employé, quai de Nemours, 9	764 .	100
765. LE BEL, place Saint-Germain, 4	765 .	100
766. LHUISSIER, Docteur-médecin, rue de la Monnaie, 1. . . .	766 .	100
767. LIMBUL, rue du Mail, 24.	767 .	100
768. LION, Fabricant de bâches, avenue de la Gare, 37	768 .	500
769. LION (Eugène), avenue de la Gare, 37.	769 .	300
	A reporter.	136,000 fr.

MM.   *Report*. . . . . 136,600 fr.

770. LION (Paul), avenue de la Gare, 37 200
771. LIGNEL, Bourrelier, rue Saint-Hélier, 36 100
772. LIBIOT, Limonadier, rue Beaumanoir, 2 100
773. LOUAZEL, Conseiller Municipal, ruelle Saint-Cyr, 16 100
774. LOUIS, Cafetier, à l'Abattoir 200
775. LORD (Franck), Garçon, Restaurant Gaze, rue Beaumanoir, 6. . 100
777. LOUIS, Café des Gobelins, rue de Berlin, 1 100
778. LORIN, Cafetier, rue de Rohan, 2 *bis* 200
779. LOODS, Négociant, quai d'Orléans, 19. 300
780. LOUVEL, Boulanger, rue de l'Alma, 12 100
782. LOISELEUR, Tapissier, rue Motte-Fablet 100
783. LOUASIL, Cafetier, rue de Toulouse, 7 100
784. LOUESSARD, Plâtrier, boulevard Laënnec 100
785. LOTON, Café de la place de Bretagne 100
786. LUSSAULT, Débitant, place de Bretagne, 4 100
787. LUCAS, Menuisier, rue de Châtillon, 3 100
788. LUNEAU, Pharmacien, place des Lices, 3 100
789. LUCBERT, rue du Pré-Botté, 28 100

790. MARÇAIS (J.), Négociant en vins, quai Saint-Yves, 18 . . . . . 1.000
791. MARCHAND, Bourrelier, rue Chicogné, 19 200
792. MARZELLE, Représentant de commerce, portes Mordelaises, 7 . 100
793. MAZÈRES, quai de l'Université, 2 100
794. MARCHAND (E.), Garçon, Restaurant Gaze, rue Beaumanoir, 6 . 100
795. MADIOT, rue d'Antrain, 52 100
796. MASSOT, Tourneur, chantiers Saint-Georges 100
797. MARTIN-CHAPSAL, Manufacturier, Conseiller Municipal 1.000
798. MARTIN (Louis), Avocat, Conseiller gén. de Rennes, à St-Malo. 200
799. MARTIN, Marchand de chevaux, quai de la Prévalaye, 19 . . . 200
800. MALINJOUD, Chapelier, rue de Berlin 200
801. MAIGNEN, Commissaire-priseur, rue du Pré-Botté, 2 *bis* . . . 100
802. MAUDET, Boucher à Chartres, près Rennes 100
803. MARTIN-FEUILLÉE, Député, boulevard Malesherbes, 154, Paris. 500
804. MARTENOT, Architecte, rue de Belair, 21 200
805. MAINGUY, Débitant, rue Vasselot, 32 100
806. MARCELLE (Aristide), Négociant, quai d'Orléans, 11 200
807. MAQUET, Papiers peints, rue aux Foulons, 3 100
808. MAUGÉ, Représentant de commerce, Vau-Saint-Germain . . . 100
809. MAUNOIR, Papiers peints, rue de Toulouse 200
810. MACÉ, Architecte, rue des Carmes, 4 100
811. MASSON, Épicier, rue de Nemours, 3 100
812. MARTIN, Chef d'atelier à l'usine Collin, pont Saint-Martin, 28 . 100
813. MAHÉ, Cafetier, rue Descartes 200
814. MAIGNÉ, de la Maison A. Vielle, place de la Gare 100
815. MACARY, Représ¹ de commerce, aven. de la Tour d'Auvergne, 4. 100
816. MARQUER, TRICAULT, GARNIER, à Pontpéan 100
817. MAUGÈRE, Doreur, faubourg de Fougères, 37 100
818. MASSIE, Pâtissier, rue de Toulouse, 3 200
819. MASSIE (Mme), Pâtissier, rue de Toulouse, 3 200

À reporter. . . . . 145,100 fr.

MM.		*Report* . . . . . 133,100 fr.
820. MARUELLE (G.), Négociant, rue Baudrairie, 2		100
821. MACÉ, Constructeur-mécanicien, place du Calvaire, 2		200
822. MÉTRAILLE, Négociant en vins, rue Nantaise, 6		500
823. MÉTAYER (Julien), Minotier à Saint-Cyr		500
824. MÉNARD, Marchand de fourrages, rue Thiers, 2		200
825. MERCIER, Coiffeur, rue de Nemours, 16		100
826. METEU, Conseiller Municipal, rue de la Monnaie, 6		200
827. MÉTRAILLE, Entrepreneur de camionnage		1.000
828. MÉTAYER, Menuisier, rue de Châteaudun, 14		200
829. MÉNARD, rue de Châteaudun, 19		100
830. MÉTAYER, Bourrelier, rue de l'Alma, 14		100
831. LES MÉCANICIENS des Chemins de fer de l'Ouest, à Rennes		600
832. MELUSSON (A.), rue Lanjuinais, 10		100
833. MEREL, faubourg Saint-Hélier, 39		100
834. MÉNARD, Fabricant de faïences, rue Basse, 7 et 13		300
835. MET et GAUVAIN, Négociants, rue Beaumanoir		300
836. MINIAC, Architecte, rue de Montfort, 2		200
837. MICHAUD, Menuisier, avenue du Gué-de-Baud, 22		100
838. MICHAUD (Eugène), Garçon au Café Glacier		100
839. MIRIEL, Débitant, rue de l'Alma, 5		100
840. MIRIEL, Boucher, rue de l'Alma, 5		200
841. MICHAUD (P.), Directeur du Crédit Lyonnais		100
842. MOULNYER, Contrôl. des Contributions directes, r. Bertrand, 2		100
843. MOCUDÉ, Négociant, place des Lices, 17		100
844. MONNIER, fils aîné, Négociant, rue Basse, 7		100
845. MORVAN dit LAROSE, Cafetier, avenue de la Gare, 61		200
846. MORLET, Banquier, rue de Corbin, 6		500
847. MONNIER, Ferblantier, place de la Halle aux Blés		100
848. MORIN, Carrossier, rue Chicogné		200
849. MORIN-FESSELIER, Libraire, rue de Berlin, 6		200
850. MOULIN (Mme), place Sainte-Anne, 16		100
851. MORIN, Café du Sport, place du Champ-Jacquet		300
852. MOREL, Épicier, rue Chalais, 15		100
853. MOURAULT, rue d'Antrain, 44		200
854. MORICE, Carrier à Pontréau		100
855. MOUTIER, Quincaillerie et fonte, rue de Berlin, 8		100
856. MORIN, rue Saint-Hélier, 38		100
857. MORCEL, Représentant de commerce, quai Châteaubriant		100
858. MONCOQ, Pharmacien, place du Palais		100
859. MOREL-NIEL, à la Cité Ouvrière, rue de Nemours, 4		100
860. MOUTIER (G.), rue Lanjuinais, 6		100
861. MONTOUAN, Chef de traction à la Compagnie de l'Ouest		100
862. MOREY, Sous-chef de dépôt à la Compagnie de l'Ouest		100
863. MORON, Sous-inspect. à la traction de la Compagnie de l'Ouest		100
864. MONCOCQ, Chef mécanicien à la Compagnie de l'Ouest		100
865. LE MONNIÉ, Hôtel de l'Univers, place de la Gare		100
866. MOREL, père, rue du Pré-Botté, 6		200
867. MOREL, ancien Négociant, quai de Nemours, 15		100
868. MOREL, fils, Employé de Préfecture, quai de Nemours, 15		100

À reporter . . . . . 134,300 fr.

MM.   *Report*. . . . . 154,300 fr.

869. MOREL, Briquetier à Apigné	200
870. MOUTON, Marchand de porcs à Noyal-sur-Vilaine	100
871. MOREL-DANET, Marchand de chaussures, rue de Rohan, 3. . .	200
872. MONTLUC (DE), Directeur des Contributions directes	100
873. MORICE, Cordonnier, rue de la Monnaie, 2	100
874. MOUILLÉ-PATOUREL, Quincaillier, rue de la Monnaie	100
875. MONTAMBAULT, Horloger, rue Rallier, 1	100
876. MUSSOT (P.), quai Richemont, 12	100
877. NAVATTE, Voyageur, Maison Grougé, quai Châteaubriant, 9 . .	100
878. NATHAN, au Bon Diable, rue de Rohan, 2	100
879. NANPON (Mme veuve), Bureau de tabac, rue Victor Hugo, 3. .	100
880. NEYRINCK, Entrepreneur, rue Thiers, 13	400
881. NICOUL, Fabricant d'engrais, faubourg Saint-Malo, 18. .	500
882. NICOUL, Marchand de bois, rue des Chantiers du Mail, 61. . .	100
883. NICOUL, Fabricant de gants, rue d'Estrées, 8.	100
884. NICOLAS, Vétérinaire, place Tronjolly, 7	100
885. NICOT, Fabricant de briques, à Vezin	200
886. NICOT, père, Entrepreneur, ruelle de Châtillon, 21.	100
887. NOBILET, Boucher, rue de Nantes, 5	100
888. NOVELLO, Cimentier, avenue de la Gare	100
889. NOUVEL, rue Poullain-Duparc, 46	100
890. NOËL, rue Vasselot, 42	100
891. NOUGUÈS, quai de l'Université, 2	100
892. NOËL (Louis), rue de la Visitation, 2	100
893. OBERTHUR, Imprimeur, rue de Paris	1.000
894. OBLIN, Café du Commerce, place de la Halle aux Blés. . . .	100
895. ODORICO, Mosaïste, quai Richemont	100
896. OLLIVIER, Charcutier, rue Nationale, 9.	200
897. OLLIVIER (Joseph), Juge au Tribunal de commerce.	100
898. OLLIVIER (François), ancien Juge au Tribunal de commerce .	100
899. ORÉAL, Négociant en vins à la Chaussairie	100
900. ORIEUX, Propriétaire, rue Châteaurenault, 1	200
901. OUVRIERS de l'usine Cathelineau et Cie	200
902. OZANNE, Minotier, rue Saint-Hélier, 59.	400
903. OZOUF, Négociant, rue Saint-Sauveur	100
904. PANAGET, Limonadier, rue Coëtquen	400
905. PARIS (Jules), Négociant, rue du Champ-Jacquet, 18.	200
906. PANNETIER, Bourrelier, Pont Saint-Martin, 20	100
907. PARIS (Mme veuve), rue du Pré-Botté, 8.	100
908. PAVÉ, faubourg de Brest, 36	100
909. PAILLARD, avenue de la Gare, 49	100
911. PAVÉ, Voyageur, rue Saint-Michel, 20	100
912. PARROT, Avocat à la Cour d'appel, quai Saint-Yves, 18	100
913. PERRET (Paul), Négociant en vins, rue Nantaise, 29	500
914. PERRIER (Mme veuve), Débitante à la Ville-en-Bois.	100
915. PERSONNEL de la Maison de la Ville de Lyon, Maison Beaufils.	100

                                                A reporter. . . . . 162,200 fr.

MM.		*Report*	162.200 fr.
916.	PÉNARD, Marchand de crépin, rue Leperdit, 8		200
917.	PERREAUX, Libraire, rue de Berlin, 2		100
918.	PERSONNEL de la Maison Coignerai, ébéniste, fabr¹ de meubles.		500
919.	PERRIER, Marbrier, rue Saint-Melaine, 39.		100
920.	PÉNARD, Épicier, rue Toujolly, 6.		100
921.	PERRIN, rue Saint-Georges, 42		200
922.	PERRIN, Cafetier, rue Thiers		100
923.	PETIT, Contre-maître à l'usine Collin, rue Saint-Georges, 28. .		100
924.	PELICOT, Instituteur à Bruz		100
925.	PERGEAUX, Épicier, rue Saint-Malo, 20.		100
926.	PERROT, Forgeron, quai de la Prévalaye, 4.		100
927.	PETEL, Café des Voyageurs, place Châteaubriand, à St-Malo .		100
928.	PHELIPPEAU, rue du Pré-Botté, 9		100
929.	PICHARD (René), Voyageur, quai de Nemours, 9		100
930.	PICARD (Ernest), ancien juge au Tribunal de commerce		500
931.	PIHUIT (Jules), Négociant, rue du Pré-Botté, 8.		500
932.	PIETTE, Tapissier, rue Motte-Fablet, 4.		100
933.	PICREL, Coutelier, rue de Rohan, 6.		100
934.	PINTO (Mᵐᵉ veuve), Marchande de beurre, rue de l'Horloge, 9 .		100
935.	PINAULT, Fabricant-tanneur, rue Basse		1.000
936.	PICARD (Paul), Négociant, à la Glacière, faubourg St-Hélier, 11 .		500
937.	PICARD, Négociant, rue d'Antrain		100
938.	PIEDET (Mˡˡᵉ), Chapellerie, rue Rallier, 34 *bis*.		100
939.	PINSON, jeune, Plombier, rue Châteaurenault, 5.		200
940.	PIRAULT, Pâtissier, rue Beaumanoir, 1.		100
941.	PITHOIS, Limonadier, rue Volvire, 5		100
942.	PITHOIS (Mᵐᵉ), Limonadière, rue Volvire, 5		100
943.	PIHUIT (Antoine), Négociant, boulevard de la Liberté, 41 . . .		500
944.	PIERRE, Boucher, rue de Nemours, 9.		100
945.	PILLET (Mᵐᵉ), Serrurier, rue Poullain-Duparc, 22.		100
946.	PIMOR, avenue de la Gare, 22.		100
947.	PIHUIT, Agent d'assurances, place du Champ-Jacquet, 15 . . .		100
948.	PLASSOUS, Marbrier, avenue du Mail.		100
949.	PHARMACIE CENTRALE, rue de Montfort, 1		100
950.	PLIHON et HERVÉ, Libraires-éditeurs, rue Motte-Fablet, 5. . . .		300
951.	POULIN, Trésorier Général, rue Victor Hugo.		500
952.	POULAIN (Ambroise), Garçon au Café de la Poste.		100
953.	POMEROL, Marchand-tailleur, rue d'Estrées, 3		100
954.	PORTEU (A.), Manufacturier, boulevard de la Liberté, 18. . . .		500
955.	POIRIER, Bijoutier, rue de Rohan, 5		100
956.	POIRIER, Marchand-tailleur, rue de Berlin, 8.		100
957.	POIRIER, place des Lices, 5.		100
958.	PORCHER, quai Saint-Cast, 2		200
959.	PORTEU, rue d'Orléans, 2.		100
960.	POULAIN, Boulanger, rue Chalais, 9		100
961.	PONTY (André), rue de la Monnaie, 3.		100
962.	POIVREL, Cafetier, avenue de la Gare, 25.		100
963.	POIRIER-BONIFACIO, Négociant, rue Chalais		500
964.	PONTAVICE (DU) DE HEUSSEY, Capitaine, rue de Fougères, 5. .		300

A reporter . . . . . 172.200 fr.

MM.	*Report*	172,200 fr.
965. Pontavice (du) de Heussey (R.), rue de Fougères, 5		100
966. Poulard, Entrepreneur, rue Châteaudun, 16		100
967. Poirier, Boulanger, rue Vasselot, 17		100
968. Pommier, Marchand de fourrages, rue de l'Alma, 6		400
969. Poivrel, frères et fils, Entrepreneurs, quai de la Prévalaye		300
970. Porrée, Négociant, rue Coëtquen		100
971. Poulain, Débitant, rue du Chapitre, 11		100
972. Prevost, Pâtissier, rue Victor Hugo, 11		200
973. Prioul, Débitant, rue Saint-Melaine, 24		100
974. Prioux, fils, bas des Lices, 9		100
975. Préau (Félix), rue Nantaise, 2		200
976. Prodhomme, Minotier, moulin de Joué		100
977. Primault, Minotier à Saint-Gilles		100
978. Pringuet, rue de Brilhac, 3		100
979. Prioux, faubourg de Fougères, 39		100
980. Purer, rue Saint-Georges, 3		100
981. Quévet, Représentant de commerce, rue des Trente, 1		100
982. Quichaud, boulevard de la Liberté, 56		300
983. Ramage, Café de la Poste, quai de Nemours		500
984. Raimbault, quai de Nemours, 5		100
985. Raffaut, Bijoutier, rue d'Estrées, 1		100
986. Raulin, Charcutier, rue Volvire, 7		500
987. Raulin, Négociant, quai de Nemours, 23		100
988. Raffaut, Directeur d'assurances, 5, b. de la Tour d'Auvergne		100
989. Rayer, Restaurateur, place du Champ-Jacquet		100
990. Raimbault, Négociant en vins, quai de l'Université, 5		200
991. Rabadeu-Yardin, Négociant, place des Lices, 34		100
992. Renard, Café de la Bourse, place de la Halle aux Blés		100
993. Renault, Carrossier, rue des Carmes, 3		200
994. Renault, Coiffeur, avenue de la Gare, 53		100
995. Renouard, rue d'Antrain, 52		200
996. Renouf, Fabricant de billards, boulevard de la Liberté, 21		100
997. Récipon, Député d'Ille-et-Vilaine, rue Bassano, 39, Paris		1.000
998. Renault, Restaurateur à Cesson		100
999. Renard, rue de Paris, 27		100
1000. Renault, Épicier, rue de Châteaudun, 21		100
1001. Relleux, Marchand de meubles, rue Rallier, 12		100
1002. Renard (Mme veuve), Débitante, rue du Lycée, 6		100
1004. Renard, Café de la Bourse		200
1005. Ripert, Négociant, quai Châteaubriant, 19		100
1006. Richier, Entrepreneur, rue d'Inkermann, 18		200
1007. Ridard, Boulanger, rue Saint-Malo, 91		100
1008. Riaux, Hôtel du Puits-Dillon, rue Saint-Melaine, 11		100
1009. Richebracque, Ferblantier, rue des Fossés, 2		200
1010. Riant, Contre-maître au Montage de la Compag. de l'Ouest		100
1011. Rochereuil, Négociant à Dinan		100
1012. Roulleaux, Cafetier, quai Saint-Yves, 32		100
1013. Robic, Cafetier, place du Calvaire		100

A reporter . . . . . 180,200 fr.

MM.	Report.	180,200 fr.
1014. ROBIC (M⁰), Cafetière, place du Calvaire		100
1015. ROCHÉ (E.), Négociant, rue d'Orléans, 2.		100
1016. ROCHER, Représ¹ de la Mᵒⁿ Hamme, du Mans, pl. du Calvaire, 2.		1.000
1017. ROUSSIGNÉ, Tanneur, rue de Brest, 16.		100
1018. ROULLIER, Café du Centre, rue d'Estrées, 7		300
1020. RONCIN, Cafetier, avenue de la Gare, 35.		100
1021. ROUAULT, avenue du Mail-Donges, 17.		100
1022. ROBIEN (DE), Propriétaire à Gévezé		600
1023. ROGER-MARVAISE, Sénateur, rue de la Victoire, 96, Paris . . .		500
1024. ROUAULT, père, Coiffeur, rue aux Foulons, 7		100
1025. ROUSSIN, Boulanger, rue Saint-Hélier.		100
1026. RONCIN, Cafetier, boulevard Magenta, 1.		100
1027. ROLLAND, Voyageur, Maison Godard.		100
1028. ROCHÉ, Négociant, avenue de la Gare.		100
1029. ROBIN et BÉGUINEL, Direct⁹ de la *Nationale*, r. du Guesclin, 5.		100
1030. ROUXEL, Débitant, au pont Saint-Martin.		100
1031. ROBIN, Mécanicien au Chemin de fer de l'Ouest.		100
1032. ROSETZKY (L.), Fabricant de chandelles, rue de Brest, 71. . .		200
1033. ROCTON, Entrepreneur, rue de Châteaudun, 10		100
1034. RONDEL et GOUGEON, Menuisiers, rue Saint-Melaine, 20. . . .		200
1035. ROUSSIGNÉ, frères, Tanneurs, rue Saint-Hélier, 51.		200
1036. ROBIDOU, Rédacteur en chef de l'*Avenir*.		100
1038. ROSÉ, rue Chalais, 9.		100
1039. ROUANE, rue du Champ de Mars, 9		100
1041. RUBAUX, place Troujolly, 7		100
1042. RUFFIN, Comptable à l'usine Collin, rue Legraverend, 27 . . .		100
1043. RUFFLÉ (J.), Employé, Maison veuve Laisné et fils, r. Rallier.		100
1044. RUFFLÉ (Mᵐᵉ), faubourg Saint Malo, 20		100
1045. RUAL, Fabricant de meubles, rue Victor Hugo, 1		500
1046. SARRAZIN, Droguiste, rue du Pré-Perché, 17.		500
1047. SALMON, Aubergiste, rue du Mail, 6.		100
1048. SAULNIER, rue du Mail, 57.		100
1049. SALLÉ-FOURCHET, ancien Négociant, boulevard Magenta, 3. . .		100
1050. SAVARY, Représentant de commerce, place Sainte-Anne, 9. . .		500
1051. SAILLARD, au Fermier Cossu, rue de Nemours.		200
1052. SAGET, Marchand de grains à Betton		100
1053. SALLINA, Quincaillier, rue Chalais, 1		100
1054. SANDRIAL, rue Nantaise, 29		300
1055. SALOMON, aux Frères Provençaux, rue de Bourbon, 6.		200
1056. SAINT, frères, Négociants, rue Poullain-Duparc		1.000
1057. SACHEZ, Président de la Société des Régates Rennaises . . .		100
1058. SAUVAGE, Boulanger, rue Rallier, 16.		100
1059. SAULNIER, Tailleur, rue des Fossés, 16.		100
1060. SAULNIER, Expert géomètre, quai de Nemours, 13.		100
1061. SEYOT, Cafetier, rue du Lycée, 1.		100
1062. SERISIER et CRON, rue aux Foulons, 5.		100
1063. SÉOT, Boulanger, rue de Brest, 37.		100
1064. SEXER, Opticien, galeries Mérot.		200
1065. SIMON, Conseiller Municipal, avenue de la Gare, 10.		500
1066. SIMON (Mˡˡᵉ), rue de Nemours, 16.		100

A reporter. . . . . 190,500 fr.

	MM.	*Report*	190,300 fr.
1067.	SIMON (Mme), Moulins du Comte		1,000

MM.   *Report* . . . .   190,300 fr.

1067. SIMON (Mme), Moulins du Comte   1,000
1068. SIMON, boulevard Sébastopol, 6   200
1069. SIMON, Agent général de la Compagnie d'assurances *le Nord*.   100
1070. SIMON (F.), Meunier à Pléchâtel   500
1071. SOUFFLEUX, Négociant, rue d'Estrées   200
1072. SOUCHET, Serrurier, rue de Viarmes, 3   100
1073. SOLLEUX, ruelle Saint-Martin, 28   200
1074. SOLLEUX, à Pont-Réan   100
1075. SOCIÉTÉ GÉNÉRALE, rue aux Foulons, 14   500
1076. SOCIÉTÉ DES MINES de Pontpéan 1.000
1077. SOURDAINE (Mme veuve), Débitante, rue Saint-Thomas, 5. . .   100
1078. SUARD, Employé de commerce, quai de Nemours, 9   100
1079. STEY, Ébéniste, boulevard Beaumont   100

1080. TAHIER, rue de la Poulaillerie, 1   100
1081. TARTRAIS, rue de Nemours, 12   100
1082. TAPPONNIER-DUBOUT, Direct^r du Conservatoire, r. d'Argentré.   200
1083. TAILLANDIER, Débitant, rue du Lycée, 3   100
1084. TESSIER, Négociant, rue du Mail, 3   200
1085. TERTRAIS, Café Mathurin, place de la Halle aux Blés, 1   100
1086. TEXIER, boulevard Magenta, 19   300
1087. TÉTON (E.), Secrétaire de la Société des Courses   100
1088. TEXIER, rue de la Halle aux Blés, 4   100
1089. TESSIER (E.), ruelle Saint-Cyr, 1   200
1090. TEXIER, à la Frinière, en Cesson   100
1091. TELLIER, Contre-maître à l'Ajustage, Compagnie de l'Ouest. .   100
1092. TEILLAIS, Cordonnier, rue du Champ-Jacquet, 21   200
1093. TESTARD, Débitant, Pont Saint-Martin, 24   500
1094. TEXIER, Cafetier, avenue de la Gare, 41   100
1095. THOMAS, Négociant en fers, place de Bretagne, 11   100
1096. THOMAS, Ingénieur à la Compagnie de l'Ouest   500
1097. THÉBAULT, place Sainte-Anne, 13   100
1098. THORIS, Tailleur, quai d'Orléans, 3   100
1099. THÉBAULT, Loueur de voitures, place Sainte-Anne, 13   100
1100. THÉBAULT, Restaurateur au Carlis, faubourg de Fougères, 31.   100
1101. THOMAS-LÉTANG, rue d'Orléans, 7   100
1102. THOMAS, Négociant en vins, impasse Rallier   300
1103. THOMAS, Boucher, rue Beaumanoir, 4   100
1104. THÉBAULT (Joseph), Café de la Renaissance   100
1105. THÉVENARD, Percepteur de Rennes   100
1106. THÉBAULT, rue du Chapitre, 11   100
1107. THÉBAULT, Négociant en vins, rue d'Antrain, 42   100
1108. THÉBAULT, place de la Halle aux Blés, 12   100
1109. TIRET (B.), Tanneur, quai d'Ille-et-Rance, 19   200
1110. TIERCELIN, Négociant en beurre, rue Saint-Louis, 9   200
1111. TIGEOT, bas des Lices, 12   100
1113. TIROT (Léon), Graveur, rue Beaumanoir, 4   100
1114. TOURNIER, Tailleur, rue Victor Hugo, 13   200
1115. THOMINE, Entrepreneur, Mail-Donges   200
1116. TOTAL, Serrurier, rue des Francs-Bourgeois   100

A reporter . . . . .   200,300 fr.

MM.   *Report* . . . . . 200,300 fr.

1117. TOUPET, Cafetier, rue Victor Hugo, 4 100
1118. TRUBERT, Peintre, Vau Saint-Germain, 3 200
1119. TRUBERT, Plâtrier, rue de la Visitation, 1 200
1120. TRELUYER, rue Salle-Verte, 6 100
1121. TROCHET, rue Saint-Georges, 10 100
1122. TRICOT, place du Palais 100
1123. TRUBERT, Coiffeur, rue Toullier, 3 100
1124. TRECH, rue Legraverend, 12 100
1125. TRELUYER, rue de la Monnaie, 10 100
1126. TRAVERSIER, Représt de commerce, rue du Champ de Mars, 1 . 200
1127. TUTOT (Mme veuve), Nouveautés, place du Palais, 12 100
1128. TULOUP, Fabricant de meubles, rue Saint-Melaine, 57 100
1129. TURPIN, Cafetier, rue Vasselot, 12 100
1130. TESSAULT, Tailleur de pierres, rue Saint-Malo, 113 100
1131. TUALS, avenue du Cimetière, 13 100

1132. UCHAN, Négociant en literie, rue Vau Saint-Germain, 2 . . . 100

1133. VALLAIS-BESSEC, Chaussures, rue de Rohan, 6 500
1134. VAILLANT, Fabricant de chandelles 200
1135. VAILLANT, rue de Châteaudun, 18 100
1136. VALTON, Maison Potin, rue d'Orléans 200
1138. VADOT, Secrétaire général de la Mairie 100
1139. VALLAIS (François), Négociant à Bain-de-Bretagne 100
1140. VARICE, à Montfort-sur-Meu 100
1141. VERRON (Mme veuve), Négociante, rue Basse 100
1142. VETTER, Représentant de commerce, rue Châteaudun, 8 . . . 400
1143. VERRIER, Marchand de fourrages, rue du Vieux-Cours 200
1144. VERGER, Entrepreneur, Mail-Donges, 1 100
1145. VERSAULT, Plâtrier, rue Tronjolly, 4 300
1146. VIELLE, Négociant en vins, avenue de la Gare, 65 100
1147. VINCENOT, Coiffeur, rue de la Chalotais, 8 100
1148. VIEUX, Charpentier, Mail-Donges, 65 200
1149. VINCENT (J.-L.), à Saint-Servan 100
1150. VINCENT, Débitant, rue du Chapitre, 7 100

1151. ZWINGELSTEIN, rue du Mail, 19 *bis* 200
1152. ZWINGELSTEIN (Ch.), rue du Mail, 19 *bis* 100
1153. ZAPPONNE (A.), Négociant, rue Saint-Michel, 13 100

1154. WEIL et fils, à la Belle Jardinière, rue de Rohan, 7 . . . . . 1.000
1155. WARIN, Receveur à l'usine Collin 100
1156. WARIN (Mme), Épicière, faubourg de Redon, 3 100
1157. WALDECK-ROUSSEAU, Député, quai Voltaire, 17 500

1158. POUTIÈRE (Mme), Buraliste, rue de Nemours, 2 100
1159. DORET (Joseph), ancien Adjoint au Maire, quai Saint-Yves, 24 . 100
1160. NEYRINCK (Mme), rue Thiers, 13 100
1161. LAGAËSSE-COTTIN (Mme), rue de Nemours 100
1162. LOUIS (Mme), Café des Gobelins, rue de Berlin, 1 100
1163. HOUDUSSE (Mlle Marie), rue de Nemours, 4 100

TOTAL . . . . . 207,900 fr.

RENNES, ALPH. LE ROY, IMPRIMEUR BREVETÉ.

RENNES, ALPHONSE LE ROY

Imprimeur breveté.